Persona Performática

Coleção Estudos
Dirigida por J. Guinsburg

Equipe de realização – Edição de Texto: Marcio Honorio de Godoy; Revisão: Luís Fernando dos Reis Pereira; Sobrecapa: Sergio Kon; Produção: Ricardo W. Neves, Raquel Fernandes Abranches, Sergio Kon e Luiz Henrique Soares.

Ana Goldenstein
Carvalhaes

PERSONA PERFORMÁTICA
ALTERIDADE E EXPERIÊNCIA
NA OBRA DE RENATO COHEN

CIP-Brasil. Catalogação-na-Fonte
Sindicato Nacional dos Editores de Livros, RJ

C319p

Carvalhaes, Ana Goldenstein
    Persona performática: alteridade e experiência na obra
de Renato Cohen / Ana Goldenstein Carvalhaes. – São Paulo:
Perspectiva: Fapesp, 2012.
    5 il.   (Estudos ; 301)

ISBN 978-85-273-0954-7

    1. Cohen, Renato - História e crítica. 2. Desempenho
(Arte). 3. Estética. I. Fundação de Amparo à Pesquisa do Estado de São Paulo. II. Título. III. Série.

12-3692.   CDD: 709.81
           CDU: 7.038.6(81)

05.06.12   14.06.12   036065

Direitos reservados à
EDITORA PERSPECTIVA S.A.

Av. Brigadeiro Luís Antônio, 3025
01401-000 São Paulo SP Brasil
Telefax: (011) 3885-8388
www.editoraperspectiva.com.br

2012

Sumário

Agradecimentos. IX

Apresentação – *Lucio Agra*. XIII

Introdução XXI

    Work in Progress como Experiência. XXIII
    O Texto XXIV
    Nota prévia XXVIII

1. "SMELLS LIKE TEEN SPIRIT":
   UMA TOPOGRAFIA SINGULAR 1

2. OUTRO PLANO DE POESIA
   (ALGUNS APONTAMENTOS). 21

   Preâmbulo – Ideias que se Movem: Uma Gramática . 21

   Cena Contemporânea – Work in Process
   em Ritmo Andante. 22

   O Campo PARA. 24

Work in Progress 27

Epifania 32

Erro 35

Novas Mídias 37

Tópos Mythos Tekhné 39

Encenador 42

Poética 44

3. PERSONA-PESSOA, PERSONA-PERSONAGEM . . . 45

Imanência – A Feitura de Pessoas –
Sintonizando a Música do Seu Eu 46

Gotham SP: As Pessoas da Cidade Invisível 57

4. A TRAVESSIA:
O ATALHO MAIS COMPRIDO A SE FAZER 83

Preâmbulo 83

Travessia 85

Mitologia Pessoal: O Mito Beuys 88

Estranhamento 94

Figuras 98

Polifonia: Puxadinho do Meu Corpo 100

CONSIDERAÇÕES FINAIS 109

Bibliografia 113

Agradecimentos

Este texto é resultado de minha dissertação de mestrado, defendida em agosto de 2010, desenvolvida com o auxílio da Capes e do Projeto Temático Antropologia da Performance: Drama, Estética e Ritual, (NAPEDRA) Núcleo de Antropologia da Performance e Drama da USP, e financiado pela Fapesp.

Sem o apoio e a confiança de Camila M. Cohen, este texto não existiria (ele foi escrito um pouco para você e para o Joe). Agradeço também a Katia Canton, que orientou a pesquisa, sempre confiante, e de quem recebi o apoio que permitiu esta edição. Ao John Dawsey, que também é meu orientador. Ao Lucio Agra, pelo apoio e companheirismo. A Cassiano Quilici e Regina P. Muller, pelas conversas instigantes.

Aos meus pais queridos. Aos meus irmãos João e Lucas, (o que seria de mim sem a ajuda tecnológica de vocês?). Ao Fe, porque é meu irmão. Ao Zé Pedrosa.

Aos amigos e entrevistados, todos muito generosos. À Cia. Ueinzz, o grupo todo e cada um, tão queridos. Aos amigos que me acompanharam nesse período.

Para Léa Goldenstein

NOTA DE EDIÇÃO:
Para dar conta da instabilidade de conceitos, optei por colocar algumas palavras em *itálico* na primeira vez em que elas aparecem. São conceitos ou termos que Cohen usava evocando e atravessando muitos sentidos, aqui e ali, expondo tensões. Mantendo esses conceitos tais como foram utilizados, na tentativa de não cristalizar palavras utilizadas de forma tão plástica, busco apontar portas que poderiam ser abertas, afirmando imprecisões e os vários sentidos dessas palavras.

Apresentação

> […] *no rock, tanto quanto no punk, não há necessariamente um porquê para a performance, mas há uma força interna – inner – que a cria e a sustenta, e que move todo mundo em volta. É essa mesma força que impele o performer a agir.*
>
> ANA GOLDENSTEIN CARAVALHAES

A chegada deste trabalho à sua forma impressa é um evento que se deve celebrar por diversas razões. A primeira delas – e talvez a mais importante – é o aproveitamento pedagógico amplo e profundo que aqui é sugerido para a noção de *persona*. Em poucas ocasiões temos chance de ver tal poder renovador de uma ideia no ensino das artes. Há um percurso neste livro que o leitor, estou certo, realizará com muito prazer, até que se alcance a ideia. Perceba-se: não a definição, não o sentido concluído da coisa que se discute, mas a "concepção", por assim dizer, a efetiva concretude de uma imagem mental suficientemente capaz de mobilizar o corpo em novas direções.

Esse percurso é um aprendizado, esse percurso é um caminho a se aprender, mas não naquele sentido de quem sabe *versus* quem é ignorante. É um guia sem segurança, sem fim ou princípio. E se o percorremos nada nos impede que o atravessemos ou que entremos por qualquer um dos seus lados, e ainda assim temos uma nítida discussão de um legado que serve a muitos outros caminhantes. Logo, é de uma ajuda indispensável ao pesquisador, mas não se comporta como nenhuma pedagogia tradicional em que a "competência" e a máquina de pré-condicionamentos se exercitam sobre o estudante.

Há aqui um certo tipo de ação que por vezes foi associada, como fez Deleuze, no seu *Conversações*, a um concerto de rock. E que, no caso da performance, particularmente, como notou com propriedade o pesquisador e *performer* espanhol Valentin Torrens, encontra-se num "estágio de primeiras gerações".

Quem começou isso tudo? Quem produziu essa potência? Dentre os vários aspectos que vale lembrar na curta e não obstante riquíssima produção de Renato Cohen – o objeto/pretexto dessa bela pesquisa de Ana Goldenstein Carvalhaes – está sua decidida opção por pensar/fazer na fresta da diferença, preferindo sempre o conflito e o paradoxo como companheiros de percurso. Essa não é uma escolha fácil e sempre cobra preços muito altos.

Renato, a despeito disso, soube escolher as vozes que lhe cercavam, e elas não têm cessado de proliferar novas abordagens de sua incrível e profética visão das artes. Uma polifonia cujo fator "unificador" na diferença é a simpatia por seu teatro, sua concepção de performance como linguagem (tão mal entendida, nos sentidos mais rasteiros que o segundo vocábulo pode sugerir), sua terminologia que hoje habita os textos e as falas do cotidiano escrito e discutido no Brasil.

Por mais que se quisesse propagar supostos "misticismos", "confusões", "imprecisões" e "ousadias excessivas", nenhuma crítica conseguiu sequer arranhar a figura de Renato Cohen que hoje, quase dez anos depois de sua morte, não cessa de crescer no vocabulário de quase todos que, sem saber, devem à sua pioneira intervenção. Não só a performance, mas o *work in progress*, a *persona*, *tópos* mítico, mitologia pessoal. Tantas noções retiradas de outras noções (e de onde elas viriam senão daí?) que permanecem fazendo repercutir a força daquela mirada inaugural.

Ana Gold (como carinhosamente a chamamos, reforçando o ouro que traz consigo) foi uma de suas alunas mais distintas.

A motivação desse livro vem, em grande parte, dessa distinção que pode criar uma trajetória vivida por ela como experiência profunda (como a *erfahrung* benjaminiana), suficientemente intensa para se converter nesse inteligentíssimo exercício que é, ao mesmo tempo, e para ficar ainda nos termos de Benjamin, história, memória e tratado sobre a estética de um modo de estar na situação de performance.

Esta, no dizer da autora, "é uma forma recorrente e eficaz na construção da ligação entre experiência e modos de vida". Tratar a performance desse modo é uma perspectiva instigante pois aponta para as políticas da subjetividade já discutidas pelos autores de quem Renato foi fã incondicional. A arte passa a ser a chance de experimentar o limite sem que essa consideração possa ser tomada no vazio do clichê que dela é costume se fazer. Há um método, assentado em um "*environment* próprio, que inclui o levantamento material (o texto) do performer (mitologia pessoal)". Palavras da autora que, ao longo do livro, nos ajudam a traduzir de forma sintética o pensamento de Cohen.

A *persona*, a partir da exposição de Ana Goldenstein Carvalhaes, é, também, uma espécie de gradiente que pode medir a variação da passagem que a performance faz por várias linguagens. Tenho ouvido demasiadas considerações sobre a associação entre as várias artes. Grande parte do debate repete – ou pior, às vezes tenta repetir – sem o saber, as formulações que vários autores (dentre eles o próprio Cohen) já desenvolveram, ao longo dos últimos trinta anos, sobre essa capacidade multi-inter-trans-hiper-linguística que é, de fato, o que nos configura. A vertigem de uma nova época tem trazido a chance de vermos surgir também novas formas artísticas, das quais a performance talvez seja a mais antiga, todas com seu modo de existir a partir da reproposição, fusão e mesmo confusão entre outras formas já existentes. Um dos autores preferidos de Cohen, Maiakóvski, pronunciara um verso que agradava muito ao Renato que não cessava de repeti-lo: "A vós, camaradas futuros". Era como se escrevesse/produzisse para um salto no futuro e acho que nunca encontrei alguém que tivesse tanta certeza disso como ele.

Para aqueles que já começam a flagrar uma contradição no meu discurso que estaria a defender uma visão utópica de futuro, ao mesmo tempo que celebra o pós-utópico (Haroldo de Campos), presente contínuo das sincronias entre diversas artes, já advirto que o que não me interessa – o que também não interessava ao Cohen – era esse sonho do futuro em si, e sim a concreta certeza de que se lançam ideias que requerem tempo para entrarem na corrente e se tornarem o dizer de uma época que viria, que veio, que está aí. Os últimos escritos dele, todos dedicados à Telemática, à arte nas redes, não me deixam mentir.

Também para os que tremem ao ver a insistência com que falo das artes – principalmente das artes do corpo –, reivindicando o ardor dos conceitos, das ideias, essas que são geridas sempre e principalmente no corpo e por isso, como esse, também têm o seu, faço minhas as palavras do próprio Renato em uma epígrafe do livro de Ana: "A performance instala-se como arte híbrida, ambígua, oscilando entre a plena materialidade dos corpos e a fugacidades dos conceitos".

Um outro aspecto que o livro de Ana põe em relevo, e que me parece essencial, é a relação entre performance e alteridade. Tentei dar, certa vez, uma matéria optativa no curso de Comunicação das Artes do Corpo sobre essa questão. Ana não ficou no ensaio, avançou claramente nesse caminho. Como "atividade que gera instabilidade", como um dos "parateatros", a performance traz em si seu duplo contraditório, isto é, ela é em si mesma todo o investimento do outro, toda a produção de um devir sempre diverso, produção insatisfatória e insatisfeita sempre, porque sempre à procura. Como algumas outras formas artísticas de ousadia, a performance indaga o encontro no momento de seu acontecimento, desafia a certeza de que aquilo talvez só se passasse com o artista, convida o que seria o oposto de si, sua sombra, à exposição. É, portanto, o mais difícil e não, como se pensa, o contrário. Por isso certamente é que não interessava para Renato Cohen o simples *nonsense*, não o mero surrealismo, mas o suprarreal que a diferença de um Magritte em relação ao movimento, no seu sentido estrito/estreito, de ordem e filiação, permite entrever.

O que se perde costumeiramente no cotidiano, os momentos do extra-ordinário, era isso que mobilizava o artista. É isso que mobiliza qualquer performance, por mais que ela tangencie a banalidade absoluta. Porque dela não se abstrai o estado que se vive/sente no momento em que acontece e que, como ele queria, é da ordem da materialidade dos corpos e da fugacidade dos conceitos que, sim, transitam em vias não previstas na mente que pensa/vive aquele momento, num corpo que foi desprovido da mera contemplação e chamado à atividade da vida.

Essa emergência a partir do dia a dia conduz inevitavelmente a uma das palavras que Renato mais gostava de usar: epifania. Também ela é um dos seus conceitos-chave. Diz-nos Ana: "Cada encontro não era um ensaio, mas uma performance, já se procurava a densidade de um acontecimento. Travava-se assim uma luta contra a falsidade e a representação teatral, mas que se refere diretamente à 'grande falcatrua' da vida social". A passagem é perfeita para tornar possível a visão, por um lado, da comédia fajuta que não cessamos de manter em funcionamento para que vivamos uns com os outros (tema que teve várias abordagens na sociologia, antropologia e linguística, hoje cada vez mais revistas, como as de Goffmann, Turner e mesmo Austin). Por outro lado determina uma diferença essencial do fazer performático que se afasta de um teatro tradicional que, mesmo em suas formas mais avançadas, ainda se vê refém da teleológica noção de acabamento, do "pronto", do "preparo", ou seja, daquilo que, por razões que nem sempre são muito claras, torna-se aceitável para ser mostrado porque se crê, finalmente, acabado. Quero dizer com isso que a clássica sequência processo/produto é, na performance, uma irresoluta contradição. Incessante, indecidível.

O que seria nosso cotidiano então? Um mau teatro, uma ficção de segunda? Ou o oposto, o lugar onde se pode flagrar o momento mais estranho da arte – uma epifania – que faz o curso daquele rio subitamente se congelar em um arranjo inusitado? O teatro tentou mergulhar nessa corrente, mas sempre havia o refúgio da contemplação na atmosfera mágica da caixa, o mundo de sonho e suspensão. Às vezes, na dança, isso pode ser ainda mais "clássico", por assim dizer. Por isso, o que o performer pode ensinar – inclusive ao ator, e aqui eu faço mesmo a diferenciação entre um e outro – é esse erro que deriva das mãos sujas com o fluxo da vida sem que a elaboração da cena representacional sirva de correção. Mas é aí que todo o fluxo de outras vidas em outras civilizações, nas quais o tempo-espaço mítico está no próprio cotidiano e a separação arte/vida é irrelevante, é trazido. Instaura-se o *tópos* mítico: nos *happenings* de Robert Filiou, de Beuys, nas performances do Black Market, nos filmes de Mathew Barney ou Marina Abramovic, nas celebrações de Hélio Oiticica, e mesmo em praticamente todos os festivais de performance que hoje vicejam mundo afora. São suspensões vitais do tempo-relógio, este que nos exige o portar-se de forma a satisfazer os papéis a nós destinados, numa cena reles que nos entristece.

Os eventos comentados nesse trabalho também correspondem a uma importantíssima historiografia de acontecimentos que foram vitais para desdobramentos posteriores no campo da performance, principalmente no Brasil. Renato não viveu o suficiente para construir esse fluxo. Nos seus dois livros deu conta de alguns dos seus trabalhos (*Sturm und Drang/ Tempestade e Ímpeto*, *Vitória sobre o Sol*, *Magritte Espelho Vivo*), mas estes constituem a primeira parte de uma série que viria a se desenvolver em outros grandes acontecimentos como *Máquina Futurista* (1997), *Ka* (1998, agora prestes também a ter seu lugar de leitura assegurado pela próxima publicação do excelente estudo de Samira Brandão), *Imanência, Caixas do Ser* (1999), *Dr. Faustus Liga a Luz* (1999) e *Hyperpsique* (2002), para não falar dos trabalhos esboçados mas só realizados postumamente ou em paralelo àqueles, como o projeto de teleperformance *Constelações*, os vários "espetáculos" com a Cia. Ueinzz (*Dedalus*, *Gotham SP*, que aqui nesse livro merece minuciosa leitura, e *Transmigrações*).

Em trabalhos como *Imanência* e *Constelações* vale observar que se revogam as tradicionais objeções sobre a ausência de um "ao vivo" na *Teleperformance*. A equivalência entre a subjetividade do performer e do público, ambos postos em situação de construção de um espaço intermediário de convívio, põe sob suspeita – como tem sido observado por muitos outros autores – a ideia de que a presença (outro conceito caro ao Renato) seja experienciável somente na sua dimensão mais imediatamente física.

O trabalho de Ana também certamente servirá para tornar concreta a percepção que tive quando assistimos pela primeira vez as palestras de Hans-Ties Lehman e que, imediatamente,

APRESENTAÇÃO XIX

passei ao próprio Renato na ocasião: a de que havia uma total convergência de ideias, ou, para dizer melhor, o que o estrangeiro nos trazia já havia sido franqueado entre nós pelo próprio Renato Cohen. O "teatro que foge" da Cia. Ueinzz realizava e ultrapassava o que se expressava como desejo no discurso de Lehmann. Que se observe isso hoje, principalmente no mais atual teatro europeu, de Castelucci a Kastorf. Foi Renato, aliás, que orientou o primeiro trabalho feito entre nós a respeito da obra de Christoph Schliengensief, por Paulo Gregori Lustig. Era Cohen que vinha atentando para todos os movimentos de teatro feitos na rua, sob os viadutos, em articulação com as vocalidades urbanas que tínhamos juntos – eu, ele e Jerusa Pires Ferreira – desde sempre postos em debate no Centro de Estudos da Oralidade do PEPG de Comunicação e Semiótica da PUC-SP. O "teatro concebido como um canteiro de obras a céu aberto", nas sagazes palavras de Peter Pál Pelbart é (e era) o teatro que agora se busca, nas fronteiras borradas da mistura com a performance.

A cozinha performática que aqui se monta nesse imprescindível trabalho de Ana Goldenstein Carvalhaes é o "levantamento da mitologia pessoal na obra de Renato Cohen". Isso mal começou. Estamos todos nesse empenho, vou tentando reescrever as minhas "memórias afetivas" agora em 2.0 (a primeira versão foi publicada na ocasião de sua morte, na revista carioca *Concinitas*) e mesmo esse texto está aqui como parte de um outro maior que venho tentando montar em torno à performance. Com o esforço de outros amigos e pessoas que conviveram com Renato, vamos fazendo o caminho para não deixar que sua obra seja vítima da tresleitura e do esquecimento, males que sempre foram pespegados à pele dos artistas brasileiros. Mas a Ana Gold já veio e fez o começo. E não tenho dúvida de que isso honra a escolha que Renato, ainda em vida, fez de sua pessoa. Obrigado, Ana.

Lucio Agra

Introdução

A cultura contemporânea vive a produção e o consumo de informações em uma velocidade crescente. A relação dos sujeitos com a tecnologia, mediada pelo *status quo*, insere-os numa espiral de consumo de máquinas para receber informação e numa espiral da própria informação. Estamos diante do risco constante de tornar nossas experiências superficiais, porque nos submetemos a uma tempestade de informações, que nos chegam como "fosforescência turbilhonada", nos termos de Paul Virilio em *O Espaço Crítico: As Perspectivas do Tempo Real*.

Em sua obra *From Ritual to Theater: The Human Seriousness of Play*, Victor Turner diz que é pela experiência que construímos significados, quando articulamos o passado com o presente, numa "relação musical", em que ambos se transformam. A experiência articula sentidos. Essa é uma questão recorrente na obra de Walter Benjamin: dar sentido às experiências vividas. Experiências significativas preenchem a subjetividade de sujeitos, e a arte pode prestar-se a isso também.

Em torno do espetáculo, construiu-se uma técnica artística que nos envolve completamente, da qual sujeitamos nossas emoções a certo controle (aquilo a que chamo de entretenimento desengajado). A forma de experiência do espetáculo induz à manutenção de certos padrões de relacionamento entre as pessoas que ultrapassam o momento do próprio espetáculo. Ela cristaliza o momento dramático em seu auge, e talvez compactue com visões totalizantes do mundo[1], ou concepções colonizadoras. Essas cristalizações compõem-se com a objetivação do sujeito – e com o assujeitamento – na sociedade moderna, que, nos termos de Foucault[2], liga sujeito e identidade de forma coercitiva.

Em contraponto à forma bestializada de apenas receber passivamente uma obra, somente para consumo, que é suposta pelo que chamamos de entretenimento pasteurizado, diversas pesquisas de linguagem caminham e trabalham para transformar a relação com o público. Nas artes cênicas, por exemplo, Antonin Artaud e Bertold Brecht são figuras fundamentais nessa discussão. Poderíamos citar diversas correntes e artistas que cultivaram o assunto. No Ocidente, a partir de 1960, ressurge um movimento intenso, da "cortina aberta", quando é explicitado o processo da criação artística, que clama pela participação do público, e destitui o artista do poder de legitimar ou deslegitimar práticas e discursos. A construção de um "produto" e a necessidade de "reconhecimento social" retiram atenção do processo artístico e diminuem a potência reflexiva da arte.

A arte da performance, nessa mesma época, ganhou nova força, articulando-se às transformações das relações sociais. Essa linguagem valoriza o processo, que engloba a trajetória, os percursos, as escolhas, o abandono de um objeto por outro. Incorpora o problema da recepção. Campos diversos são permeados sem hierarquias. Assume riscos, assimilando o erro, a poética, o devir, encadeamentos de variação e *leitmotiv*. O próprio processo se torna a obra de arte no work in progress criativo de Cohen. A performance não é teleológica – não tem um fim como meta.

Essas noções talvez articulem forças para reorganizar uma arte viva, ao mesmo tempo em que podem ser um elo importante para pensar as questões que a performance coloca para

---

1   Sobre isso ver Guy Debord, *A Sociedade do Espetáculo*.
2   O Sujeito e o Poder, em P. Rabinow; H. Dreyfus (eds.), *Michel Foucault, Uma Trajetória Filosófica: Para Além do Estruturalismo e da Hermenêutica*, p. 231-249.

INTRODUÇÃO

a arte contemporânea, evidenciando criticamente algumas de suas características, como a fugacidade e o *nonsense*. Em outras visadas, a performance apresenta-se como forma recorrente e eficaz na ligação entre experiência e modos de vida – em modos de estar-em-cena –, além de construir espaços de alteridade na arte. Na chave entre processo e estar-em-cena, encontramos a construção da persona performática.

O que a persona pode dizer sobre as relações entre as pessoas atualmente? Algo "não resolvido" modifica a apresentação das obras que vamos analisar. Se isso é algo que ressoa em nossas vidas, em nossa forma de viver, no agora, será que produzir subjetividade é uma experiência política? Como as experiências da persona na obra de Cohen podem ser entendidas como construção de experiências de alteridade e subjetividade?

WORK IN PROGRESS COMO EXPERIÊNCIA

As performances artísticas são compreendidas como produtoras de um lugar especial para a arte contemporânea porque criam um espaço de experimentação e de risco. Elas propõem a observação de um ponto de vista deslocado, criador de mecanismos de ir ao encontro da crise: a performance, ao longo de sua história, ao romper as fronteiras entre as especializações das artes, rompeu também com a categoria "arte". Nesse sentido, ela pode ser entendida como um espaço liminoide[3] dentro da própria arte, ao se abrir para a discussão de si mesma.

O work in progress[4] de Renato Cohen confirma esse fazer artístico como espaço de experiências, proporcionando um lugar

3   Victor Turner entende a performance de forma ampla. Divide sua trajetória em cinco fases, como se verá mais adiante. Na fase liminoide, a mais arriscada da performance, convenções e papéis sociais são suspensos, momento crítico para a estrutura social. Com a suspensão dos papéis sociais, tensões irrompem e surgem linguagens ou estratos sociais imersos. Ao mesmo tempo, cria-se espaço para a sociedade pensar sobre sua vida. Nesses termos, a arte pode ser entendida como espaço liminoide, onde a sociedade pensa sobre si mesma.

4   O termo foi usado pela primeira vez por James Joyce, que, ao ser perguntado se sua obra *Ulisses* já estava pronta – estava sendo escrita havia anos – respondeu: "esta obra é um '*Work in Progresss*'". Renato Cohen diz, acerca desse termo: "Instaurando outras aproximações com a recepção do fenômeno e com

autorreflexivo, da meta-arte, para pensar e discutir a própria sociedade. A experiência de *estranhamento* é a base para a persona performática. E esta, por sua vez, abre espaços para o estranhamento.

Somente uma definição aberta ou uma aproximação do que seria uma ideia da performance é cabível, pois, de outra forma, estaríamos negando a possibilidade da performance em si[5]. Nosso contexto sugere que perdemos o sentido forte da palavra *experiência*: o perigo[6]. A qualidade e a capacidade de viver uma experiência e o perigo são perguntas de fundo importantes que me atravessaram ao longo dessa proposta.

O TEXTO

O que apresento neste livro é uma topografia singular da obra de Renato Cohen. Foram utilizadas duas fontes de dados: entrevistas e pesquisa documental. A maior parte dos documentos é do próprio Renato Cohen, disponibilizados por sua filha Camila Marx Cohen. Muito material foi também oferecido pelos próprios artistas e pesquisadores com quem entrei em contato. Além dessas fontes primárias e secundárias, também baseei estes escritos em minha própria experiência com Renato, na performance *Hagoromo*.

Algumas questões da concepção de performance-arte de Renato Cohen e suas temáticas contemporâneas são abordadas. Seus trabalhos teóricos são frequentemente textos de leitura difícil, cujos conceitos, conteúdo e categorias escapam de um fechamento com finalização ou de conclusões simplificadoras. Busco apontar portas que poderiam ser abertas, reorganizando imprecisões e vários sentidos que sua pesquisa abriu.

É necessário, nesse sentido, vencer algumas questões, para introduzirmos a persona performática. Sugeri uma topografia

---

os processos de criação e representação, o procedimento *Work in Progress* alcança a característica de linguagem determinando a relação única de processo/produto". Em *Work in Progress na Cena Contemporânea*, p. 45.

5 Ver R. L. Goldeberg, *Performance Art: From Futurism to the Present*.
6 Ver C. S. Quilici, *Antonin Artaud: Teatro e Ritual*; R. Schechner, *Between Theater & Antropology*.

que dê conta de um conjunto do fazer-pensar desse autor. Tentei não entrar nos becos sem saída, mas é quase impossível quando se trata do material de Renato Cohen. Tudo que é muito complexo pode ser frágil. A rendição ao sintético, ao corte castrador foi fundamental. Apesar de arroubos e chistes, a continuidade exige uma razão organizadora.

O espaço-tempo do fazer de Renato Cohen é um lugar diferenciado, de estranhamento e de pesquisa. É um campo em que teoria e prática caminham juntas; a noção de experiência e processo é problematizada. Procuro apresentar evidências de uma linguagem singular, de uma poética própria. Aqui, a noção de work in progress se faz fundamental – é a forma deliberada de pensar-agir do processo criativo de Cohen. Alguns desdobramentos de seu processo criativo também são abordados, como a noção de environment, fundamental para se entender, por fim, este artista como encenador, com poética própria, intenções, escolha, gramática e recorrências deliberadas. Só é possível compreender essa poética se relacionada ao seu processo criativo (criação processual).

O conjunto de seus trabalhos artísticos é relativamente grande se considerarmos seu falecimento precoce. Uma chave de abordagem do seu trabalho é a observação sobre a preparação dos performers e do environment próprio, que inclui o levantamento material (o texto) do performer (mitologia pessoal). Esse processo é uma construção que varia muito entre cada uma das pesquisas de Cohen (não há uma técnica única identificável). Escolhi dois trabalhos para aprofundar as questões aqui sugeridas. Os trabalhos são, respectivamente: *Imanência: Corpo Instalado* e *Gotham SP*.

As duas obras são muito diferentes. A primeira, *Imanência: Corpo Instalado*, foi realizada na Casa das Rosas, em 1999 (na época, o espaço era dirigido por José Roberto Aguilar). Esse é um trabalho que beira o limite da arte. Trata de questões de diversas dimensões da vida no momento em que a obra foi realizada. Com tecnologia de ponta, a discussão volta-se para o artista, seus atos, suas "pegadas" recentes.

O segundo trabalho que vamos discutir é a peça *Gotham SP*, terceira montagem da Cia. Teatral Ueinzz. Enfatizamos nessa análise a proposta de uma experiência limite da Cia.

Ueinzz com não atores. *Gotham* foi realizada como um verdadeiro work in progress[7] ao longo de cinco anos (de 2001 a 2006) – o grupo já tem mais de dez anos. É o trabalho mais longo de Cohen.

A escolha de duas obras tão distintas (quase incomparáveis) é uma forma de vislumbrar facetas de um conjunto de performances do encenador que talvez jamais seja capturado em sua totalidade. Elas abrem ainda um largo espectro do entendimento sobre o que é a persona na performance, sendo que cada uma ocupa uma ponta extrema desse espectro. Desse modo, essa escolha de obras a serem observadas faz parte de uma estratégia de percurso: a persona se encontra no teatro (*Gotham* SP), mas também em uma espécie de instalação (*Imanência: Corpo Instalado*). No espectro aberto por duas obras tão distintas, procuramos as especificidades da persona e os desdobramentos desse tratamento do performer em cena na arte contemporânea.

São também duas obras colaborativas: a problematização da autoria é forte nos dois casos. Poderiam ser dois grandes exemplos da fragilidade do artista como autor, se não fossem os melhores exemplos para apontar um procedimento bem particular de Renato Cohen: encontrar pessoas interessantes e colocá-las para trabalhar juntas. Muito de sua autoria era saber agenciar artistas. Articulando relações e pessoas, interferindo e encaixando propostas diversas em um projeto artístico próprio, guiado, híbrido.

Por fim, trato da persona performática na obra de Cohen. No teatro, a passagem do ator para a personagem implica uma transformação da pessoa, que permite o surgimento de múltiplas atualizações, muitas vezes de modo incoerente ou anacrônico. A coexistência do ator e da personagem no performer traz um paradoxo à cena que é tratado de formas distintas pelas correntes cênicas. No Ocidente, alguns diretores e encenadores se preocuparam em escondê-lo, criando técnicas de ilusão, tendo como suporte as convenções. Outros expuseram

---

7 A afinidade das atividades teatrais do grupo com a arte da performance foi estudada durante a pesquisa de iniciação científica, a qual teve como foco o processo criativo do grupo. Ver A. G. Carvalhaes, Os Processos Performáticos da Cia. Teatral Ueinzz, *Tempo e Performance*.

e se utilizaram desse paradoxo como elemento enriquecedor da criação ou como elemento para crítica[8].

Na performance esse paradoxo é tratado de forma interessante: ele é exposto. Já que a representação na performance está em jogo, a interpretação, tal como entendida pelo teatro tradicional naturalista, não se dá. As ações não são representadas, são vividas, numa tentativa de aproximar a arte da vida. A persona de que estamos falando é a "pessoa cênica" da linguagem da performance, que traduz essa ambivalência pessoa/personagem/máscara como assunto, de forma ontológica, que revela a ilusão e produz estranhamento.

É interessante observar que a temática do sujeito foi bastante presente em performances das décadas de 1960 e 1970, por meio do movimento feminista, e de 1990, quando alguns artistas precisaram falar da intersubjetividade da produção e recepção artística[9]. Em inglês, usa-se a mesma palavra para "sujeito" e para "assunto" ou "tema"; *subject* tem ainda a mesma raiz de "subjetivo" (*subjective*). Estas ambivalências da língua inglesa são interessantes para essa pesquisa.

Acompanhando a coerência coheniana da lógica na variedade, não fecho a definição de persona – suas várias formas estão de acordo com suas buscas. Isso levará ao problema da construção do "eu" e da "pessoa" no contexto da performance de Cohen. A persona performática sugere a incorporação da alteridade por um caminho diferente daquele criado pela personagem psicológica[10]. Isso se dá com a *travessia*, a *mitologia pessoal* e o *estranhamento*. Chegaremos então à questão da polifonia e da

---

8 "O que dá a característica de representação a um espetáculo é o caráter ficcional: o espaço e o tempo são ilusórios [...], da mesma forma que os elementos cênicos [...]. O público é colocado numa postura de espectador que assiste a uma 'história'. [...] E aqui existe mais um paradoxo, que fica claro se pensarmos em termos da cena naturalista. Quanto mais eu entro na personagem, mais 'real' tento fazer essa personagem, mais reforço a ficção e, portanto, a ilusão. Quanto mais me distancio, 'representando' a personagem, e não tentando vivê-la, mais eu quebro com essa ilusão cômica'. Essa quebra me possibilita a entrada num outro espaço". Cf. R. Cohen, *Performance como Linguagem*, p. 96. Nesse sentido, é interessante pesquisar como a construção de um "eu" foi discutida por outros teatrólogos, como Stanislávski, Bercht, Artaud, Grotowski, Eugenio Barba, Peter Brook, Bob Wilson ou pelo Teatro Nô. Nas artes plásticas, dois brasileiros serão fundamentais nessa discussão: Lygia Clark e Helio Oiticica.

9 Cf. A. Jones, *Performing the Subject*.

10 Sobre isso ver J. Guinsburg, *Stanislávski, Meierhold & Cia.*

persona como multiplicidade: de indivíduos e de referências. Abrem-se diferentes possibilidades de ser e estar em relação com os outros e com as coisas do mundo. O processo criativo de Cohen canaliza e potencializa essa dobra da persona. O inverso é direto: a persona é uma chave para se entender a proposta cênica de Cohen, sua poética.

Essa perspectiva talvez permita configurar a performance como estrutura estética experimental, capaz de ampliar a compreensão que temos de nós mesmos e dos "outros", contribuindo para a discussão da alteridade na produção cultural contemporânea.

NOTA PRÉVIA

Esta pesquisa é um desdobramento dos estudos iniciados em 2001, sob a orientação de Renato Cohen. Naquele período entrei na Cia. Teatral Ueinzz, além de participar de algumas performances de Cohen com o grupo Mídia KA, como iluminadora e técnica de cena. Além disso, no trabalho de conclusão de meu curso de graduação, montei uma performance também coordenada por Cohen, intitulada *Ha*.

Desde então, atuo como atriz da Cia. Teatral Ueinzz, e pesquiso as discussões sobre a particularidade da produção da arte da performance. A partir de 2004, me aproximei da antropologia, participando do Núcleo de Estudos da Performance e do Drama, do Departamento de Antropologia da FFLCH, USP. Nesse momento, a questão da persona começou a surgir de forma mais clara, apresentando-se como um conjunto de problemas fundamentais para a discussão da performance e, mais especificamente, como uma chave interessante para pensar a proposta cênica de Renato Cohen. De forma geral, abordar a persona como um componente das práticas e do pensamento da performance de Cohen clarifica as conexões entre a produção performática e algumas categorias de produção cultural contemporânea.

Participei ainda do Grupo de Estudos da Performance da PUC-SP, coordenado por Lucio Agra, criado e idealizado por Renato Cohen em 2002. Foi nessa época que percebi a necessidade de estudar o trabalho artístico de Cohen: com uma produção singular na cena brasileira, o conjunto de sua obra aponta para uma metarreflexão artística e autoral.

Sua produção, ainda que precocemente interrompida, inclui instalações multimídia interativas, eventos de telepresença, peças teatrais, ao lado de outras atividades como curadoria, mostras e seminários. Ao longo dos anos, seu trabalho foi ganhando dimensão e linguagem própria.

Trata-se de um artista pesquisador que refletiu sobre seu trabalho de forma sistemática – possuía uma inquietação pessoal que o mantinha em movimento. Essa é uma de suas importantes características. Sua obra apresenta uma densidade tal que a reflexão mais acurada sugere bons caminhos para compreender o motivo de a performance estar tão em voga na cultura contemporânea, ao mesmo tempo que se multiplicam pesquisas sobre esse campo artístico.

1. "Smells Like Teen Spirit": Uma Topografia Singular

Apresento uma espécie de topografia da cena coheniana, com suas formas e seus acidentes naturais e artificiais. Não se trata de um catálogo raisonné que documente toda a produção do artista. Será uma descrição insuficiente para revelar a figura em sua totalidade. Apresenta-se apenas um panorama de performances e eventos que ele realizou ou das quais participou, e não a totalidade de sua obra, que segue aberta e inacabada. Cada trabalho de Cohen possui natureza própria, de certa forma distinta das demais.

Renato Cohen morreu em 18 de outubro de 2003, depois de um ataque cardíaco fulminante. Na época, ele havia acumulado uma série de atividades: orientandos de iniciação científica, mestrado e doutorado, na PUC-SP e Unicamp, além das disciplinas lecionadas em ambas universidades, a coordenação de um projeto final da graduação na PUC-SP, o processo criativo de uma nova performance com o grupo Mídia Ka, a intensa viagem com a Cia. Teatral Ueinzz para "Porto Alegre em Cena" e novos projetos em andamento.

A morte está presente ou é visitada em toda sua obra de diversas formas. Seja na escolha de temas ou de elementos para pesquisa, seja em seu interesse pelo budismo tibetano, pela importância que dava às *experiências-limite*, enfim, seja pela necessidade de refletir sobre a vida de forma profunda. Essa imagem esteve presente como ciclo inescapável. Em *Gotham SP*, terceira peça da Cia. Teatral Ueinzz, por exemplo, Renato fazia uma de suas poucas aparições como performer: vivia uma múmia, que vinha de uma cidade onde "todas as pessoas estão mortas". Em *Vitória Sobre o Sol*, evocava "a morte como limite derrisório".

Na verdade, trata-se de uma arte toda voltada para a vida. Tal intensidade teria como limite a morte e seus ecos, dos quais este livro faz parte. É uma morte que celebra o tempo presente, o tempo da performance. Cohen tirava isso de experiências-limite e, nesse percurso, está sua própria experiência do fim.

No ano de sua morte, Renato coordenava o projeto final do curso de Comunicação e Artes do Corpo, de cujo grupo eu fazia parte. Trabalhei com ele em algumas performances do grupo Mídia Ka, fazendo contrarregragem, som ou luz, mas foi no trabalho chamado *Ha* que participei ativamente de seu processo criativo. Éramos poucos, mas formávamos um grupo difícil, com intensidades diferentes, e demoramos para encontrar coerência na produção criativa.

Baseado na peça *Hagoromo*, de Zeami, traduzida por Haroldo de Campos, e de outros textos de universo comum, o tema da morte atravessou a performance *Ha*. Tennin, por exemplo, é um anjo que vê seu fim anunciado, quando seu manto é roubado por um pescador[1]. A performance não possuía narrativa linear, ao contrário, esperava-se que fosse sentida; havia muitas passagens abstratas. Seu conjunto exalava subjetivamente a morte de Cohen – a montagem final foi fortemente impactada por sua morte.

Cohen faleceu um mês antes de nossa apresentação para a banca[2]. Já havíamos decidido utilizar uma banda de música ao vivo na montagem final, e, como forma de homenagem a Renato, escolhemos a música "Smells Like Teen Spirit", do Nirvana, ícone de nossa geração. Essa música trazia a energia libertária

---

1 É possível assistir o DVD da performance *HA*, de nome homônimo, depositado na biblioteca da PUC-SP.

2 Continuamos o trajeto com a ajuda de quatro outros docentes, nomeados co-orientadores: Lucio Agra, Naira Ciotti, Samira Brandão e João André Rocha, acompanhados por Cassiano Quilici e Toshi Tanaka.

do rock, da banda ao vivo como arte viva. A música explodia no final, contrastando com o ritmo da performance, com a força iconoclasta e agressiva do Nirvana. A banda possui outros significados nessa história. Em viagem com a Cia. Ueinzz, lembro-me de ele haver comprado uma camiseta do Nirvana para sua filha, numa banca de rua. E, ainda, Cohen homenageou Kurt Cobain (vocalista do Nirvana) em seu segundo livro, *Work in Progress na Cena Contemporânea*, junto a outros "artistas radicais, que inscreveram sua legenda, mortos no período da pesquisa".

"Smells Like Teen Spirit" é então uma boa música para falar da morte do Renato: tem a energia criativa bruta, crua do rock, que é bela por sua juventude, avessa, irreverente, imperfeita. Essa música também é força e voz de uma geração sem grandes referências, se comparada, por exemplo, com a geração de 1970. Sua morte prematura, aos 47 anos, é um Koan (enigma da cultura oriental sem resolução) que será desvendado ao longo do tempo, em memória, lembranças, relatos de recordações (*cordis*) em decomposição.

Renato Cohen nasceu em 1956, em Porto Alegre, Rio Grande do Sul. Veio jovem para São Paulo. Filho de pai e mãe médicos, formou-se em engenharia de produção pela Escola Politécnica da USP, em 1978. Segundo Luiz Gil Finguermann[3], Renato estava nesse período ligado ao cinema moderno e experimental, fazendo disso um tema de intensa discussão com amigos.

Ainda na Poli, começou a frequentar "grupos de expressão corporal", o que para Gil mudou sua postura e sua fala. Esta talvez tenha sido uma etapa de mudança de seu interesse, do cinema para as artes cênicas. Estudou com Wolney Assis e Berta Zemel, de 1980 a 1982, em um curso de formação de atores, através do método Stanislávski. Na mesma época, fez cursos de direção teatral, *workshops* de técnica vocal, e oficinas afins. Chegou a trabalhar com Ivaldo Bertazzo, cumprindo funções burocráticas, onde teve também contato com trabalhos de consciência corporal e coreografia. Teve ainda aproximação

---

3 Grande amigo de Renato Cohen. Segundo o próprio Cohen, Gil era "performer 24 horas", título que Gil devolve a Renato. Cassio Santiago afirma que Gil era a "referência iconoclasta de Renato". Finguermann ofereceu-nos generosa conversa em abril de 2008, além de longa troca de emails e telefonemas, sendo referência de informações indispensáveis aqui apresentadas.

com a dança moderna através de J. C. Violla e Lala Dehenze-lein, entre 1984 e 1987.

Renato praticou ainda, por certo período, técnicas do kempô indiano, com sua mulher e amigos. Iniciou assim uma aproximação com as mitologias hindus, com o universo de jo-gos simbólicos e místicos, que podemos associar ao interesse anterior pelo tarô. Este percurso tem ainda ligação indireta com o posterior apreço pelo "xamanismo"[4]. Em momento distinto, volta-se à mística judaica.

Iniciou sua pós-graduação em economia, com o aval da empresa de engenharia onde trabalhava. Desligou-se com-pletamente desta profissão em 1982, quando passou a traba-lhar no recém-inaugurado Sesc-Pompéia. Ali, participou da organização de projetos que deram início à longa trajetória do Sesc-Pompéia como referência de espaço da arte e da mú-sica de vanguarda e alternativa: o histórico I Festival Punk de São Paulo, também conhecido como O Começo do Fim do Mundo[5], e o I Evento de Performances – 14 Noites de Perfor-mances[6] –, ambos em 1982.

Rompeu com a engenharia ao mesmo tempo em que se transferiu da pós-graduação, que fazia na Faculdade de Eco-nomia, para a Escola de Comunicações e Artes da USP, onde iniciou seu mestrado com Luiz Roberto Galizia.

Nesse período, Cohen já fazia experimentos cênicos. En-saiava com amigos no clube A Hebraica, apresentando perfor-mances na FAU e na ECA. Foi uma fase de muita liberdade, sem compromissos com bilheteria ou produção.

Luiz Roberto Galizia foi uma figura importante para Re-nato Cohen. Tendo estudado nos Estados Unidos, onde manteve

---

4 Existem diversos tipos de xamanismo, mas Cohen tinha como referência es-pecial Lynn Mario, estudioso do tantrismo hindu. Lynn Mario afirma, em entrevista para esta pesquisa, trabalhar atualmente com outra terminologia, para poder diferenciar seu trabalho de um movimento atualmente reconhe-cido como "neoxamanismo".

5 É considerado o evento mais importante do movimento punk em São Paulo: teve algo como 5 mil pessoas presentes em dois dias de evento (número maior que qualquer festival punk do mundo até então), reunindo bandas fundamen-tais para o movimento da época. Apesar disso, há poucas referências docu-mentais. Agradeço a Clemente, músico que participou do evento, por estas informações (confirmadas em pesquisa na web), a partir de troca de emails.

6 Sobre este evento, não encontrei referências confiáveis.

contato com o diretor Robert Wilson[7], Galizia apontava para um outro tipo de teatro, diferente do tradicional[8]. Foi um dos fundadores do grupo Ornitorrinco e já discutia Performance Arte. Galizia fez alguns comerciais para televisão (assim como Cohen e Gil Finguermann), e, segundo Gil, "conseguia segurar comerciais de varejo". Ou seja, seu trabalho tinha qualidade performática. Cohen chegou a fazer alguns experimentos e performances com Galizia, entre 1983 e 1984[9]. Com o falecimento prematuro de Galizia, ainda no primeiro ano de mestrado de Cohen, Renato procura Jacó Guinsburg para orientá-lo, estabelecendo uma relação que dura até a conclusão do doutorado, em 1994. Segundo Finguermann, Cohen passou por momentos de muita dificuldade econômica durante o mestrado, dependendo da bolsa Fapesp, já casado e com a primeira filha.

A brusca passagem de Renato da esfera da engenharia para a esfera da arte está ligada também ao contexto musical dos anos de 1980. O conjunto do trabalho artístico de Renato reflete sua pesquisa da arte e dos movimentos artísticos modernos e contemporâneos. Suas obras podem ser consideradas, de certa forma, uma reinvenção desses estudos acadêmicos, através de performances, o que inclui o universo cultural dos anos de 1980 – a contracultura, a cultura de massas, o rock e o punk. Cohen prestava atenção a expressões cuja importância cultural ainda não eram visíveis (o psicodelismo, por exemplo). Assim, Cohen confere sentido especial ao rock e ao punk, que só posteriormente seriam reconhecidos como manifestações artísticas na esfera da arte contemporânea, ligados a raízes já mais consolidadas na época como o *Beat*, a *Pop Art* etc.[10] Há de se pontuar, segundo Anne Cauquelin, em *Arte Contemporânea: Uma Introdução*, que a esfera da arte é ampliada no contexto contemporâneo.

---

7 Sua tese de doutorado foi sobre o próprio Bob Wilson. Ver *Processos Criativos de Robert Wilson: Trabalhos de Arte Total Para o Teatro Americano Contemporâneo*.

8 Sobre isso, ver L. F. Ramos, *Galizia: Uma Poética Radical no Teatro Brasileiro*.

9 Performance *Moura Bruma*, e *Dr. Jericko em Performance*. Ver L. Agra, Renato Cohen: Memória Afetiva 1.0, *Concinnitas*, ano 5, n. 6, p. 151-155.

10 O contexto musical dos anos de 1980 é abordado no livro *Performance como Linguagem*, assim como a linguagem do videoclip e da MTV, elementos que contribuem para a performance e para sua ligação com Arte Viva, tal como entendida por Cohen. Ver também: L. Agra, (R)Entre dans la vif de l'art / (Re) viewing Live Art, *Parachute Revue d'Art Contemporain*, n.116, p. 54-67.

A clara influência do punk na obra de Renato (apontada inclusive por Gil, em sua entrevista) pode ser entendida também como a percepção de que suas experiências na década de 1980 foram profundamente artísticas. Performances como as que fez na casa noturna Madame Satã e em outros lugares descritos por ele em seu primeiro livro, *Performance como Linguagem*, e por Finguermann em sua entrevista[11], significaram uma experiência em arte: "mesmo sem graduação em artes, ele já possuía uma prática artística".

Tarô Rota – Ator, de 1984-1985, talvez seja um dos primeiros trabalhos de Cohen feito de uma forma mais planejada. Foi uma performance desenvolvida em pesquisa sobre o baralho de tarô e suas figuras míticas, tornando um instrumento de adivinhação em um meio de invenção. O grupo que se formou para realizar essa performance ganhou o nome de "Orlando Furioso", referência ao poema épico do século XVI, mas também às óperas de Vivaldi e Handel. Ela foi apresentada na casa noturna Madame Satã e no Tuca.

Logo em seguida inicia a pesquisa que o levou a *Magritte: Espelho Vivo*. Este é um dos seus trabalhos mais interessantes. Apesar de ser considerada a obra de estreia de Cohen, já possuía uma linguagem bastante específica, na linha da pesquisa em performance. Essa performance ganhou significativa reflexão do próprio Cohen. Sua preocupação era estética, mas também refletia sobre a dimensão filosófica, e trabalhava com a noção de recepção da obra pelo público: "O *Espelho Vivo*, […] é uma tentativa de transposição da cena, das imagens do pintor surrealista Renné Magritte. O projeto integra video-arte, teatro, holografia, *slides* em movimento, buscando dar dinamismo e tridimensionalidade à obra bidimensional do autor"[12].

O processo se iniciou no final de 1985. Foi apresentado na Funarte SP, no Centro Cultural São Paulo, no MAC Ibirapuera, no Teatro Castro Alves da Bahia e no Festival do Porto, em Portugal. Como proposta de work in progress, a performance ia sendo retrabalhada em cada um desses lugares – nesse procedimento, a pesquisa não cessa seu andamento, e as performances vão se transformando.

---

11 Frequentava, por exemplo, um bar chamado Persona, no bairro do Bixiga.
12 Texto do programa do espetáculo.

O interesse por Magritte não parece ocasional: Cohen vê no videoclipe (mídia ideal e emblemática para a época) um formato que "provoca uma cognição supraconsciente, que visa atingir diretamente [...] o inconsciente. O processo de criação do videoclipe procura imitar o processo onírico. O resultado pode ser chamado de surrealismo eletrônico"[13]. Ao refazer os quadros de Magritte, dando vida a eles, a obra desse pintor torna-se fundamental para que Cohen defina uma qualidade específica dos performers em cena que faziam uma travessia no espaço e entre o público, como uma tela – pintura em movimento. Instaurando uma "presença intensa" dos performers, e uma "signagem magritteana, inteiramente favorável ao estranhamento", a recepção desse espetáculo era diferenciada. Assim, seu trabalho na construção de personas já se configurava:

> Essa bússola intuitiva colocou-me, num primeiro momento, na pesquisa de gestos minimalistas, na busca de *gestaltes* cênicas (fusões imagem/corpo, uso de *mixed-media*), incursões no *Silent Theater* e nas derivações da arte-performance (atuações não-naturalistas, narrativa fragmentada) – faceados no estudo da psicanálise e das irrupções do inconsciente, trabalho este que resultou na montagem de *Magritte – O Espelho Vivo*[14].

Com esta performance, Cohen ganhou o Prêmio Inacem: Revelação Teatral (1986), e menção honrosa pela pesquisa em linguagem por ocasião do Prêmio Governador do Estado (1987). Foi "também um work in progress (na época não havia essa clareza de linguagem) formalizado, após inúmeros percursos, escolhas, abandonos, (rituais punk, surrealismo) que desaguaram no repertório de Magritte"[15].

Sturm und Drang foi desenvolvida entre 1990 e 1993, com o grupo Orlando Furioso, em nova configuração, dessa vez formado por alguns integrantes de *Espelho Vivo*. Esse projeto passou também por "inúmeras metamorfoses – próprio da linguagem work in progress"[16]: em um primeiro momento, a performance *Ekstasis*

---

13 R. Cohen, *Performance como Linguagem*, p. 150.
14 R. Cohen, *Work in Progress na Cena Contemporânea*, p. xxxv.
15 Idem, ibidem.
16 Idem, p. 31.

foi o embrião para o processo de criação de *Sturm und Drang*. [...]
Já nesse trabalho, Renato Cohen mostrou o que hoje, quase vinte
anos depois, a maioria dos espetáculos tentam fazer [...]. Interação com o público, vídeo interagindo com a cena que acontecia em
tempo real, manipulação vocal dos performers, instalações, ritual,
e outros procedimentos fartamente copiados pelos deslocados contemporâneos. *Ekstasis* era um trabalho um pouco diferente do *Tempestade*, mesmo tendo algumas ações externas, a maioria das ações
ocorriam no espaço fechado. Nesse trabalho, as ações vinham de
fora para dentro, enquanto em *Tempestade e Ímpeto* as ações saiam
de dentro e iam para o paraíso perdido[17] .

Ekstasis foi apresentada no Festival de Inverno de Belo Horizonte, em 1991. Posteriormente, como *Sturm und Drang /
Tempestade e Ímpeto*, foi apresentada na Casa Modernista de
São Paulo (Vila Mariana), na Fazenda do Pinhal (São Carlos,
1993) e no Festival de Teatro de Curitiba[18].

Tempestade e Ímpeto baseava-se no romantismo alemão,
em aspectos da filosofia budista e em danças extáticas (em uma
montagem). Essa performance foi analisada em seu doutorado,
e talvez seja um momento de transição para uma maior consciência do work in progress[19] como seu processo criativo por
excelência. Essa visão e entendimento do work in progress serão praticadas e reconhecíveis em sua poética, em todas as
suas pesquisas posteriores: o estranhamento, o uso de múltiplas referências textuais (e texto entendido aqui de forma ampliada, como tudo aquilo que compõe informação significativa
e simbólica), enformando um campo de ideias, "envolvendo

---

17 V. Lucentini, *Tempestade e Ímpeto & Ekstasis*. Disponível em: <http://matriz-material.blogspot.com.> Acesso em: 5 jan. 2010.

18 "A montagem *Tempestade e Ímpeto*, a exemplo de *Magritte – O Espelho Vivo*
(1987) [...], desenrola-se ao longo de vários espaços, com o público seguindo
a cena. Como encenação, essas montagens, no Brasil, foram pioneiras na utilização dessa condução, retomando experiências realizadas nos anos de 1960 e
1970 como *O Balcão*, de Victor Garcia (Teatro Ruth Escobar). Utilizo o termo
processual em relação ao avanço no espaço físico e de significações" R. Cohen,
Work in Progress na Cena Contemporânea, p. 26.

19 "Uma sequência típica do work in progress passa por impulsos, imagens re-
ferenciais, seguida de primeiros laboratórios com performers, criadores. A
partir desse ponto abrem-se novas referências, pesquisa, nutrimento (textos,
material temático, estudo de técnicas) e outra sequência de ensaios, operando
sincronicidades e novas descobertas. Finalmente, prossegue a exploração de
alguns *leitmotiven* e posterior eliminação de outros". Idem, p. 35.

adaptação, contextualização e transcrição de textos, poéticas e fragmentos"[20].

Cohen passa a trabalhar com o que chama de "polifonia cênica"[21], incorporando vertentes e recursos teatrais de distintas escolas: da dança, pantomima, tecnologia digital etc., e o faz de forma não ortodoxa, muitas vezes reinventando conceitos. Ele é hoje reconhecido por ser um dos primeiros artistas a trabalhar em cena com recursos tecnológicos em tempo real[22]. Organiza-se em seus trabalhos o *leitmotiv*[23], que percorre todo o processo construindo uma temática ou ideia que se repete, trazendo às vezes uma unidade invisível, e ajudando a trabalhar com o caos, com os modelos múltiplos e narrativas dinâmicas a que ele se propõe. Dessa forma, guia propostas eventualmente conflitantes ou paradoxais numa conjunção de elementos coerentes, mas de uma coerência interna, típica da performance.

A noção de environment é fundamental para entender os processos pelos quais Cohen constrói o campo mítico em seu trabalho: "a organização espacial por territórios literais e imaginários substitui a organização tradicional – de narrativas temporais e causalidade". Isso cria verdadeiros ambientes cênicos: "no processo criativo, a organização pelo environment consiste na espacialização de conceitos, *leitmotive* e cenas"[24], entre outras coisas. Aqui ele já abre a discussão sobre o campo mítico, a ser travada mais adiante.

20 Idem, p. 31.
21 Idem, p. 35.
22 Do verbete "Renato Cohen", na Enciclopédia *Arte e Tecnologia* do Itaú Cultural: "Artista multimídia, desenvolve pesquisa sobre mediações e o uso de novos suportes na Cena. Como realizador organiza eventos intermídia, criação e produção de peças com narrativas hipertextuais, performances na rede e trabalhos em web arte. [...] Desde o final da década de 1980 trabalhava com cenários virtuais, holografia, slow-scam TV (gráficos de televisão de varredura lenta), depois passa a trabalhar com estruturação em rede e conectividade etc."
23 Discutiremos este termo de Wagner mais adiante. "A utilização de *leitmotiven*, [...] permite operar com redes, simultaneidades e o *puzzle* em que está se tecendo o roteiro/storyboard: os *leitmotive* encadeiam confluências de significados, tanto manifestas quanto sublimes, compondo, através de seu desenho, a partitura do espetáculo. [...] A rede *leitmotiv* é dinâmica e muitas vezes não totalmente consciente para o criador/guia/operador: o sistema lida com transições, mutações ou índices de passagem". R. Cohen, *Work in Progress na Cena Contemporânea*, p. 25.
24 Idem, p. 27.

Esse processo, que é entendido como uma pesquisa ("conceituação e experimentação do work in progress e estudo de linguagem de encenação"), compreendia "a preparação dos performers, a pesquisa de linguagens de transposição (trabalho de justaposição de mídias, uso de estranhamento cênico, adaptação de mitologemas, determinação de environment próprio) e análise da recepção"[25].

Com o projeto *Agit Prop Futurisme*, montado com Lali Krotozinsky, Cohen ganhou o Prêmio Estímulo de Linguagem Teatral de 1994-1995 (SMC-SP). Em função desse, realizou-se a performance *Vitória Sobre o Sol*, em 1995, que trata do futurismo russo (desdobramento do projeto *Caos Cubofuturismo*, com pesquisas, performances, oficinas, debates, mostras sobre arte russa e espetáculo). Foi um dos primeiros trabalhos apresentados no Porão do Centro Cultural São Paulo. Ele foi encenado também no Festival Internacional de Teatro e no Transcultura, no mesmo ano, dentro da Mostra 95 Butho e Teatro. No programa, Cohen escreve:

Vitória Sobre o Sol/Bezsmiértie

O projeto *Caos Cubofuturismo*, prêmio estímulo de linguagem teatral (SMC-SP-1995) é uma releitura a partir de repertórios do movimento cubo-futurista russo e seus desdobramentos no suprematismo e construtivismo.

Da peça guia *Vitória Sobre o Sol*, de Alexei Krutchônik e prólogo de Velimir Khlébnikov, incursionamos pelas línguas mágicas dos poetas russos (transmentais), buscamos a construção de uma cena prismática, cubista, das superposições, da "jabberworcky" visual (ideogramas visuais, collage).

Não interessa mais uma, mas várias narrativas de *leitmotiv* que se entrecruzam, escapam (o eclipse malevitchiano, a morte como limite derrisório, o esforço contra o acaso gurdjeffiano).

As legendas do caos, da relativística são buscadas enquanto suportes da mente contemporânea; procuramos a epifania, mesmo que num esgar, a memória rediviva, a cena enquanto *punctum*, o desencadear de associações, o desprendimento perante a ausência do sentido imediato, o livre exercício da recepção e da consciência. VIVA!

---

25 Idem, ibidem.

"SMELLS LIKE TEEN SPIRIT": UMA TOPOGRAFIA SINGULAR 11

Roteiro: Operamos na construção do *storyboard* da montagem a acumulação do roteiro original de *Vitória Sobre o Sol* e do poema anagramático "Bezsmiértie", ambos textos de Alexei Krutchônikh. Apresento sua versão por Augusto de Campos:

BEZSMIÉRTIE (INMORTALIDADE, 1917)

M T Z E K H
K H I T Z I
M U K H
T Z L
L A M
M A
T Z K E[26]

A performance *Vitória Sobre o Sol*" teve como desdobramento *Máquina Futurista*, de 1997, realizada com a parceria de artistas importantes como Lucio Agra, Arnaldo de Melo e Lali Krotoszynski[27], e foi apresentada na Mostra de Arte e Tecnologia no Itaú Cultural. Nesse dia, realizou-se a transmissão ao vivo da performance, em um evento que aconteceu paralelamente, chamado Global Bodies, em função da inauguração do ZKM: uma teleconferência com mais de vinte sítios internacionais diferentes. Foi uma das primeiras experiências de telepresença e performance no Brasil. Segundo Lucio Agra (entrevistado no dia 29 de março de 2009), foi a partir desse evento que Cohen se voltou de forma mais sistemática para a questão da telepresença, e, de forma geral, a partir daí as *novas mídias* e suportes tecnológicos passaram a ser objeto de estudo para ele: "apontam intersecções com a arte-performance, viabilizando e amplificando a escritura do hipertexto e a realização dos trabalhos *in progress*"[28]. *Vitória Sobre o Sol* e *Máquina Futurista* coincidem

26 A. de Campos; H. de Campos; B. Schnaiderman, *Poesia Russa Moderna*, 6. ed., São Paulo: Perspectiva, 200, p. 157.

27 Não vem ao caso citar todos que participaram de cada performance e cada projeto, uma vez que Cohen teve inúmeros parceiros e colaboradores e certamente deixaríamos injustamente algum nome de fora. É importante apontar, porém, que Lucio Agra foi colaborador e grande amigo de Cohen, concedendo entrevistas decisivas para este texto. Eles formavam, junto com Jerusa Pires, o "trio do embalo maluco" (brincadeira carinhosa que faz referência a outros artistas). Renato chegou a participar de uma performance de Lucio Agra em especial, *"Urzonate" Kurt Schwitters*, montada em 2000.

28 R. Cohen, *Work in Progress na Cena Contemporânea*, p. XXX.

12 PERSONA PERFORMÁTICA

também com a aproximação de Cohen com o Programa de Semiótica da PUC-SP. São dois trabalhos que merecem destaque em outro contexto.

Máquina Futurista, além de todo o referencial vanguardista[29], caminhava em paralelo com pesquisas que Renato desenvolveu sobre o misticismo russo, mais especificamente sobre George I. Gurdjieff e Petyr D. Ouspensky. Ele levaria adiante este tema, desenvolvendo-o também em outras esferas. Ao mesmo tempo, estudava uma série de práticas orientais, entendidas também como "trabalhos de consciência". No projeto para a performance *Vitória Sobre o Sol*, consta em seu currículo que, entre 1987 e 1991, trabalhou técnicas de bioenergética por meio das práticas de rajneesh (com Deva Prashanto), tai-chi-chuan (com Mestre Liu), somaterapia, kempô vajra muti (com Joo Brito e outros) e práticas de Gourdieff (no Centro da Augusta).

Cohen desenvolveu seu pós-doutorado sob orientação de Jerusa Pires Ferreira, no programa de estudos pós-graduados em Semiótica da PUC-SP, onde foi professor a partir de 1998. Segundo Gil Finguermann, foi na procura de estudiosos do futurismo russo que chegou à PUC-SP.

Além de dar aulas na pós-graduação da PUC-SP, participou da origem do curso de bacharelado em Comunicação das Artes do Corpo, no qual lecionou e coordenou as duas primeiras montagens de conclusão de curso (projeto final). No universo acadêmico, praticava "a opção por suas operações prediletas como pesquisador e artista: a radicalidade e mistura, a fusão e alquimia que permitem borrar fronteiras, justamente para avançá-las"[30].

Ainda na PUC-SP, fez parte do Centro de Estudos da Oralidade, e fundou o Núcleo de Estudos da Performance, em 2003, que permanece em atividade ainda hoje.

Num processo de consolidação de seu percurso artístico, ganhou Bolsa da Fundação Vitae, em 1997, para a área "Teatro e Novas Tecnologias", com o projeto *KA*, baseado na obra de Velimir Khlébnikov. Esse projeto surgiu na Unicamp, quando

---

29 A respeito de *Vitoria Sobre o Sol* e *Máquina Futurista*, ver < www.pucsp.br/pos/cos/budetlie/index1.htm >. Acesso em: 9/1/2012.

30 R. Muller, Cena Viva de Renato Cohen Desbravou Fronteiras da Vanguarda, *Sala de Imprensa: Jornal da Unicamp*, edição 235, de 27 out. a 2 nov. de 2003.

foi convidado a realizar, junto com os formandos do Instituto de Artes, o espetáculo de conclusão de curso[31]. Assim, passou à docência dessa instituição, atividade que exerceu desde 1998. A linha de pesquisa que desenvolvia com mais intensidade na época de seu falecimento era denominada "performance na era da tecnologia". Estava interessado na cena da hipermídia, da telepresença, hipertexto, enfim, um caminho desenvolvido na linha das tecnoculturas.

Em 2002, fez uma pesquisa no Performance Studies, na New York University. Foi ainda coordenador do GT "Territórios e Fronteiras", da Associação Brasileira de Pesquisa e Pós-graduação em Artes Cênicas (Abrace), além de organizar e participar de diversos eventos acadêmicos, colóquios, fóruns e mostras.

Ainda em 2001, Cohen foi convidado a dirigir *Oito Dogmas da Dança*, que, com o prêmio EnCena Brasil, da Funarte e do Ministério da Cultura, permitiu a montagem de *Tandanz 8 Dogmas Novas Dobras* (2001). Este foi um projeto de vários artistas, como Lali Krotoszunski e Maria Mommensohn (com a Cia. Monik Mondó), entre outros. Solos independentes eram relacionados através de um roteiro montado fora do palco fechado (o público era conduzido pelo espaço). A primeira apresentação foi no Instituto Goethe, e posteriormente na Oficina Oswald de Andrade, com novo formato, ambos em São Paulo.

Como já comentado, Cohen coordenou dois trabalhos de conclusão de curso (Projeto Final) em performance, no curso de Comunicação e Artes do Corpo[32]. Fizemos também, no mesmo curso, em 2001, uma grande performance que ocupava todo o prédio alugado pela universidade na rua Monte Alegre. A performance se chamava *Reflex-Actions*.

O Mídia Ka e a Cia. Teatral Ueinzz foram dois grupos fundamentais nesse trajeto, com os quais Cohen desenvolveu maior continuidade. O grupo Ka, formado na referida montagem de conclusão de curso da Unicamp (1997), posteriormente com um número menor de performers e colaboradores de outras pro-

---

31 *Ka* teve estreia no Museu da Cidade de Campinas, e foi apresentada em festivais de São Paulo e Belo Horizonte. Sobre isso, ver mestrado de Samira B. Borovik, *Guerreiros do Alfabeto Estelar*, Unicamp, Instituto de Artes, 2005.

32 O primeiro se chamava *Corpos Cósmicos*, baseado em Francis Bacon e Antonin Artaud, entre outras coisas. O segundo foi *Hagoromo*.

cedências, veio a chamar-se Midia Ka. Essa nova configuração apresentou, entre outras, as performances *Dr. Fausto Liga a Luz*, em 1999 – baseado em *Dr. Fausto Lights the Light*, de Gertrude Stein[33], *MídiaKA*, em 2001, no Sesc-Araraquara, e *Hiperpsique*[34], em 2003, no Território Anti-Espetáculo da Mostra Sesc de Artes.

Hiperpsique foi um trabalho bem diferente, porque Cohen abriu espaço para o humor e para o universo pop. Apesar de ser uma pessoa engraçada e irônica, isso não era muito comum em seus trabalhos. Segundo Agra, *Hiperpsique* era como um "cyber espetáculo" cujo texto foi montado inclusive com frases de *chats* da rede, e inspirado, entre outras coisas, em William Gibson (escritor do chamado gênero *cyberpuk*). Lucio Agra diz que Cohen preparava "um espetáculo que traduzisse essa nova língua que estava se criando na rede através de *chats*". Dessa forma, colocou técnicos de cena com o público, e todos circulavam livres no galpão do Sesc-Pompeia, junto a figuras da cultura pop como um ursinho gigante, ao mesmo tempo em que o vj Rogério Borovik projetava sequências de imagens, e uma conexão *on-line* transmitia e recebia os dados do evento. E ainda usou como trilha sonora Moby, ícone da música pop que na época fazia grande sucesso. Agra descreve a experiência em entrevista de 11 de fevereiro de 2009: "Quem conhece a obra do Renato sabe que o que ele usava era canto tibetano, Shostakovitch, [...] ele usava às vezes o termo 'música abstrata', ou 'música construtiva', ele sempre falava de umas coisas assim, *recherchée*, muito complicado e nada muito pop. Então ali ele de alguma forma estava se permitindo coisas, e talvez algumas pessoas que conhecessem o trabalho dele ficassem muito impressionadas".

Importante ressaltar o tratamento dado à pluralidade de referências da cultura pop: os acontecimentos simultâneos. Cohen trabalhou com a simultaneidade não só nessa como em diversas performances, tornando isso um jogo delicado de equilíbrio cênico, criado com diversos elementos (música, cenas, entradas, imagens, objetos, luz etc.). Os acontecimentos

---

33 Com estreia no Centro Cultural São Paulo, este foi, segundo Lucio Agra, talvez o trabalho mais teatral de Cohen, feito inclusive em palco italiano. Em entrevista concedida em 11 de fevereiro de 2009.

34 No *Hiperpsique* o Mídia Ka era composto por Marina Reis, Fernanda Ferrari, Ricardo Palmieri, Fabio Fonseca, Samira B., João André Rocha e Rogério Borovik, entre outros artistas próximos.

simultâneos quebram a leitura linear e convidam o público a participar de forma diferente do espetáculo: a obra se torna aberta, e de certa forma inacabada – seu sentido é construído pelo receptor (público).

Com o Mídia Ka, Cohen fez, por fim, a performance *Transmigração – Corpos de Passagem* (2003), na Galeria Vermelho, que é hoje um centro importante de difusão dessa forma de expressão em São Paulo.

Transmigração foi uma performance muito impressionante, envolvendo o público de forma intensa no campo cênico. A morte de Renato havia acontecido algumas semanas antes, e os performers, completamente entregues ao projeto, souberam construir e trabalhar este acontecimento no campo mítico da cena. Assim diz o material de apresentação do projeto:

> Transmigração é uma performance multimídia do Grupo Mídia KA sobre temas de renascimento e temporalidade. É um convite de travessia, acompanhando e visualizando a alma do poeta pelos campos da morte e da vida. Pesquisando linguagens corporais e cena multimídia, o grupo transita entre os campos da ritualidade e dos suportes tecnológicos com a colaboração de vários performers e pesquisadores da PUC, USP e Unicamp.
>
> Como na concepção original, a Galeria Vermelho será um campo de imantação e cura. Corpos de passagem é alusão não só à transitoriedade do corpo físico, mas também referência às outras formas sutis que a alma toma na sua incessante peregrinação pelos espaços-tempo.
>
> *Transmigração* é, sem dúvida, o trabalho mais autêntico de *live-art* do Mídia KA. Pesquisando agenciamentos entre tecnologia e práticas rituais e com o tema recorrente da morte, o grupo se vê aqui surpreendido pela própria passagem do seu diretor Renato Cohen. Este foi o último processo concebido por Renato Cohen junto ao grupo.
>
> Meditação, giro e práticas xamânicas instalam os corpos dos performers nas salas da Galeria, apoiados por práticas de *body-art* e textos poéticos de variadas fontes que discorrem sobre os temas de morte e transmigração da alma. Projeções de imagens manipuladas digitalmente fundem-se a imagens captadas durante a performance e criam ambientes e campos onde trafegam e instalam-se corpos e figuras.

Com a Cia. Teatral Ueinzz, Renato realizou três montagens: *Ueinzz, Viagem a Babel*, de 1997, *Dédalus*, de 1998 a 2000, e

Gotham sp, de 2001 a 2006. O grupo será melhor apresentado no terceiro capítulo deste livro. Também discutiremos mais à frente *Imanência – Corpo Instalado*, desenvolvido em parceria com José Roberto Aguilar, na Casa das Rosas, em 1999.

Vale a pena citar, ainda, dois eventos importantes. Um deles, Constelações – 12 Horas Web Performance, foi realizado no Sesc em 2002[35]. Com a criação e curadoria de Renato Cohen, o evento propunha discutir telepresença e comunicação interativa. Esse foi mais um momento para desenvolver questões da arte telemática e do uso de novas tecnologias, além de realizar uma performance de doze horas, envolvendo o Centro Mídia da Universidade do Estado de Ohio (eua), o Centro de Pesquisas Avançadas em Artes Interativas, Ciência e Tecnologia (uk), o Programa de Comunicação e Semiótica da puc-sp e a Universidade de Brasília[36]. No mesmo ano, com a curadoria de Cohen e Ricardo Karman, ocorreu o I Circuito Petrobrás de Artes-Tecnologia[37]. Esse trabalho foi realizado no Teatro do Centro da Terra, com o patrocínio da Petrobrás. Ao trazer doze grupos de sete estados do país, juntou "pesquisas radicais em dança e teatro, que vão da antropologia ao universo das hipermídias"[38].

Essa listagem de produções não pretende ser exaustiva, apenas identifica trabalhos num mapeamento topográfico que indica uma transformação conceitual no percurso de sua pesquisa. Podemos verificar uma instabilidade artística e teórica, e um pensamento sobre esse modo instável. O processo reflexivo do artista é percebido na sua ação, "na construção de uma obra específica e na construção de outras obras, mais outras e mais outras"[39].

Era uma rede. Renato era talvez um dos mais deleuzianos que eu conheci. Não por que ele lesse muito. Ele lia muita coisa assim, transversalmente. É pegando aquilo que ele precisava para um certo

---

35 Ver <http://www.sescsp.org.br/sesc/hotsites/constelacao>. Acesso em: 11.1.2012.

36 Neste projeto Cohen uniu artistas como Maura Baiocchi, Lali Krotozinski, Johannes Birringer, Bia Medeiros, entre outros. Ver < www.sescsp.org.br/sesc/hotsites/constelacao >. Sobre Performance e Hipertexto, ver o verbete "performance em rede", escrito por Naira Ciotti, na Enciclopédia Arte e Tecnologia do Itaú Cultural (www.ciberultura.org.br).

37 Ver < http://www.centrodaterra.com.br>.

38 R. Muller, op. cit., p. 4.

39 C. A. Salles, *Redes de Criação*, p. 21.

momento, para um certo contexto, então está salpicado de palavras do repertório deleuziano. Mas não é isso que faz dele um deleuziano. O que acho que faz é essa maneira de construir rizomaticamente. Não só em cena, mas como ele pensava. Eram pontos díspares que faziam rede sem que fizessem uma unidade, um sistema, isso é um rizoma pra Deleuze. As coisas crescem pelo meio, não têm uma totalidade orgânica, não têm uma unidade, mas têm precisamente todas essas conexões que elementos muitos diferentes vão ressoando entre si e produzem uma malha de experiência e pensamento, de vida, e acho que nisso o Renato era imbatível[40].

Cohen foi curador de eventos, além de participar de diversos debates, mostras, círculos de estudos, fóruns, oficinas oferecidas em festivais nacionais e internacionais, eventos não só específicos da performance, mas também do teatro e da dança dentre outras formas de expressão[41]. Um exemplo interessante a respeito disso é a série de oficinas ministradas na extinta Oficina Três Rios (das quais o artista Arthur Matuck participou), em 1987 e de 1990 a 1994, denominadas por ele mesmo como "oficinas *Aktion*"[42].

Renato pertence à geração que encontrou no meio acadêmico e de ensino o lugar da experimentação e da instauração do novo no mundo das artes. Ele se utilizou desse espaço tal como se espera que ele o seja para que as universidades cumpram seu destino, mas as compreendeu também como um lugar criado pela própria arte contemporânea, com a urgente necessidade, em seu novo tempo, de se constituir intimamente conectada à ciência e tecnologia[43].

É no livro *Performance como Linguagem* que Cohen publica o resultado de sua dissertação de mestrado. Na época, esse tema não havia sido tão trabalhado (na teoria e na prática) no Brasil e nos Estados Unidos. Acredito que Renato foi o primeiro a teorizar sobre a performance no Brasil[44]. Elementos dessa linguagem

---

40 Peter Pál Pelbart, em entrevista concedida em 3 de abril de 2010.

41 Participou, por exemplo, do evento Movimentos da Dança, no Sesc-Vila Nova, com o trabalho *Neandherthal Man*, dirigindo o coreógrafo Carlos Martis, que fazia parte do grupo Orlando Furioso.

42 Camila M. Cohen, filha de Renato, gentilmente cedeu, para consulta, vasto material de Cohen que confirma estas atividades.

43 R. Muller, op. cit., p. 4.

44 A única referência brasileira sobre performance anterior à bibliografia produzida por Renato Cohen que encontrei foi *Processos Criativos de Robert Wilson*, de Galizia, mas ele não é um texto voltado especificamente à performance. Renato

são desenvolvidos, como se sua "gramática" começasse a se fixar. Nesse sentido, um dos méritos de *Performance como Linguagem* é desmascarar muitas leituras equivocadas da Performance Art.

Ligada à postura da *live-art*[45], a performance procura acabar com a distância entre arte e vida. Por isso, termina por se afastar da *mímesis* e da "representação" na arte, indo na direção da "atuação", da cena ao vivo. Essa é uma questão muita cara para Cohen, que renderá diferenciação minuciosa, desenvolvida ao longo do seu primeiro livro, entre teatro, performance e happening. Seu segundo livro, *Work In Progress na Cena Contemporânea*, de 1998, texto de seu doutorado, é também resultado da experiência artística e acadêmica, sendo que seus conceitos ganham naturalidade na práxis. Nesse segundo momento, seu foco de atenção muda bastante.

Mas apenas por meio dos seus escritos não podemos compreender o conjunto de suas ideias sobre performance: "Quando ele fazia performances ele chegava a resultados muito mais claros, porque nas formulações teóricas dele havia sempre contenções pelo imenso desejo de libertar-se de todas as fórmulas existentes"[46]. Por isso, pensar sua prática artística, assim como suas formas de processo criativo, inclui pensar na vida pessoal, e em toda uma conjuntura de processos e relacionamentos, de inclusão e proposição de trabalhos, que se dão ao longo da realização. Afinal: de work in process. As conversas que mantive com artistas e pesquisadores que trabalharam com ele fortalecem essa percepção.

Lynn Mário, em entrevista concedida em 17 de junho de 2008, aponta para o fato de que o texto exige uma linearidade da linguagem verbal, que não dava conta dos pensamentos de Renato: "às vezes era até incoerente, no sentido de haver uma justaposição de nexos de ideias que não colavam uma com a outra"[47]. Isso era motivo de dificuldade na relação com as pessoas e é visível em seus dois livros, que enfrentam o problema de discutir experiência (performance) na linguagem acadêmica. Cohen era

---

Cohen, porém, sistematiza, em seu primeiro livro, a questão da performance e a formula como linguagem autônoma como nunca havia sido feito antes no Brasil.

45 "A *live-art* é arte ao vivo e também arte viva" R. Cohen, *Performance como Linguagem*, p. 38.

46 Jacó Guinsburg em entrevista em 10 de maio de 2008.

47 Idem.

um homem da experimentação. A linguagem acadêmica é um campo formatado, espera classificações, conclusões e definições, enquanto Cohen abria várias frentes de pesquisa e trabalhava, escrevia e pensava de forma hipertextual, criando novas perguntas e chegando sempre em limites inseguros da pesquisa (numa mistura de liberdade, ética e *teen spirit*). Trabalhava com o inacabado, com a polifonia, vicissitudes, com o abandono de propostas iniciais. Essa era a topografia de Cohen: um campo sinuoso. Lela Queiroz[48] aponta que o perigo do não entendimento disso é a má interpretação de sua obra. Lynn Mario, em entrevista já citada aqui, acrescenta: "Essa coisa, vamos dizer, dialógica, que permitia que ele transitasse em vários planos ao mesmo tempo [...] Nessa sinestesia das várias linguagens, essa síntese que podia ser não linear, que permite essa comunicação que ele tinha em seu universo, que dava essa liberdade que a mera palavra [...] não permitia. Então ele só podia trabalhar com a ideia de performatividade".

Nos depoimentos recolhidos para este trabalho, várias pessoas mencionaram que Cohen era muito "teimoso", mas tinha, ao mesmo tempo, segundo Gil Finguermann, em conversa realizada em 4 de abril de 2009, "honestidade intelectual" e uma "hipersensibilidade".

Buscava uma soltura da individualidade [...] A ideia dele era uma libertação, portanto antropológica, espiritual, e não apenas estética. [...] Na verdade, ele era um esteticista porque tudo passava pelo buraco da fechadura do estético. ...

Na análise da obra do Renato você tem que considerar duas coisas [...]: por um lado a aspiração a uma libertação máxima das potencialidades espirituais e físicas. De outro lado, a redução desse vulcanismo a energias criadoras. Então você tem um vulcão e vai utilizar a energia desse vulcão para determinados fins. Você precisa de um transformador. Ele tinha o transformador. [...] E realmente ele só encontrava essa plenitude de libertação, exposta a si mesmo, na própria prática[49].

Havia, em suas atividades, segundo Guinsburg, uma "explosão corporal e sensorial do lado fenomenológico", que era

---

48 Lela Queiroz concedeu entrevista em 3 de abril 2009.
49 Entrevista com Jacó Guinsburg já mencionada.

estranhamente provocadora e atraente, mas que às vezes levava a conflitos. E, junto disso tudo, havia o lado realizador, engenheiro, que pode ser entendido, ainda conforme Guinsburg, como "uma busca de pontos de concentração e de essencialização".

Assim Regina Muller apresenta Cohen:

Artista multimídia, pesquisador das mediações e dos novos suportes na cena, autor de experimentos radicais. Xamanismo e redes telemáticas, o corpo mediado na rede e as narrativas projetadas na NET. Arte e interatividade, performance e tecnologia. Estas são palavras-chave, às quais poderíamos acrescentar, ainda, linguagens híbridas, "cultura das bordas" e tecnoculturas, que talvez ajudem a definir o perfil do artista, pesquisador e professor Renato Cohen. [...]

Finalmente, o conceito de environment que Renato Cohen formulou como energia psíquica presente na performance e veículo de troca, poderia nos auxiliar a entender como xamanismo e redes telemáticas aparecem juntos no elenco das palavras-chave de sua obra. Tanto um como outro conectam pessoas, estabelecem redes de contato e convivência. É uma relação que se pode estabelecer na sua teoria, mas que soa, sobretudo, como seu desejo de conectar pessoas, mundos, ideias.

[...] Para além da experiência institucional, entretanto, as conexões que a convivência com Renato Cohen estabelecia diziam muito mais respeito ao fenômeno do encontro humano, afinal a matéria de que se constitui a atividade artística e a docência. Sua sensibilidade e afetividade faziam ser o centro de irradiação da energia criativa e educacional[50].

50 R. Muller, op. cit.

2. Outro Plano de Poesia (Alguns Apontamentos)

PREÂMBULO – IDEIAS QUE SE MOVEM:
UMA GRAMÁTICA

> *A performance instala-se como arte híbrida,*
> *ambígua, oscilando entre a plena materialidade*
> *dos corpos e a fugacidade dos conceitos.*
>
> RENATO COHEN

Cohen se utilizava de muitos conceitos, expressos às vezes em neologismos próprios, e outras por termos emprestados. Ele não fazia uso ortodoxo deles: seus sentidos mudavam ou se ampliavam. Também podia acontecer de um conceito com vários sentidos ser usado de forma diferente em momentos diferentes – ora acrescentam-se conotações, ora ganham novas intenções, ora cores diversas; há uma virada "antropofágica". Pode-se encontrar também expressões especiais, como *objet trouvé*, que exercem força de gravidade em relação a outras. Nomes de grupos ou *workshops* que são retomados anos depois, performances que ganham vários nomes, ou o título de um texto que muda em citações diferentes (há uma escrita performática). Não cabe definir cada um desses nomes e conceitos, principalmente porque eles fazem parte de um trabalho inacabado. Eles apontam para diversos temas, abrem múltiplas portas em planos diferentes, sugerem perspectivas e novos estudos, promovem uma profusão de interpretações e pontos de vista. São usados justamente assim, em expansão de sentidos, em metamorfoses. Defini-los seria tão complicado como pousar um avião em um rio: em uma superfície instável.

É muito difícil escrever sobre Cohen e seu trabalho sem sentir que o texto está pequeno demais para o tamanho da viagem: tento encontrar uma linguagem própria para me aproximar da dimensão poética de um artista que trabalhava com o caos, com a morte e a profundeza do silêncio. Cohen navegava no caos. De forma geral, as palavras nem sempre dão conta da experiência; existem aquelas coisas que não podem ser ditas, senão vividas. Há também muitas vezes em seus textos (em performances e conversas) referências a temas ou a outros textos que poucos conhecem. Cohen não se preocupa, nem oferece muitas pistas para elucidar o assunto. Conversa mais com os seus.

CENA CONTEMPORÂNEA –
WORK IN PROCESS EM RITMO ANDANTE

Para discutirmos a questão da persona na obra de Renato Cohen, é fundamental contextualizá-la em seu processo criativo e em seu campo de trabalho. É a forma como se abre este campo que nos interessa: pelo caminho do estranhamento, e da atividade ininterrupta do work in progress.

O conjunto da produção de Cohen é um diálogo sistemático entre formas e instrumentos distintos de pesquisa, que se tornaram indistinguíveis: sua produção em cena e sua produção acadêmica ou ensaística. Em seu primeiro livro, *Performance como Linguagem*, sua própria prática artística já se evidencia no texto. Posteriormente, a discussão volta-se para seu work in process. A qualidade performática, com foco no instante presente (arte da performance) e a busca do poético em um estado e presença diferenciados, permanecem fundamentais. Porém o entendimento de uma qualidade específica do processo criativo está em jogo: o processo como a própria obra.

OUTRO PLANO DE POESIA (ALGUNS APONTAMENTOS)　23

Essa mudança de foco vem também com um entendimento da cena contemporânea. Não se trata de uma generalização do contexto cênico atual, mas de um tipo específico de cena e de pesquisa, coerente com a "mudança de paradigmas"[1]. Nesse contexto cênico, Cohen estabelece Bob Wilson como referência do "momento inaugural" das questões que lhe interessam[2], mas uma série de artistas, de diferentes momentos da história e do planeta, ancorados em "alternância do fluxo sêmico e de suportes"[3], são citados para mostrar que Cohen não está sozinho.

Ao mesmo tempo, Cohen traz referências diversas e sensíveis para seus textos e performances, as quais extrapolam a arte, reiterando a força das questões existenciais, estéticas, totais – da ligação entre arte e vida: "Certamente, no contemporâneo, essas operações criativas vazam e são atravessadas por outras linguagens exógenas à cena teatral. Vivemos um momento de espelhamento da teatralidade e da atitude performática, estendidos à moda, à mídia, ao cotidiano, em permeação constante com um mundo espetacularizado, desfronteirizado"[4].

Em alguns de seus textos, Cohen apresenta trechos confusos, às vezes até contraditórios. Eles são muitas vezes densos e prolixos. Ele não se contradiz, no entanto, em seu fazer-pensar mais geral, cujo ritmo andante faz conteúdo, conceitos e categorias escaparem de um fechamento, de construções finalizadas. Tudo isso está sempre em movimento dinâmico, em transformação e em novas atualizações: o percurso é tanto do fazer como do pensar (do mesmo modo, não há "metodologia da prática" identificável em seu processo criativo).

Cohen situa-se num contexto intelectual marcado tanto por paradigmas científicos (cita Newton, Heisenberg, física quântica, psicologia, neurolinguística etc.) que mudaram a vida humana, como pelos pós-estruturalistas ("da égide da desconstrução"[5]),

---

1　Ver R. Cohen, *Work in Progress na Cena Contemporânea*.
2　Idem, p. XXIV.
3　Idem, Pós-Teatro: Performance, Tecnologia e Outras Arenas da Representação, *Anais do III Congresso Brasileiro de Pesquisa e Pós Graduação em Artes Cênicas*.
4　Idem, *Work in Progress na Cena Contemporânea*, p. XXIX.
5　"Cena que estabelece morphos ao *Zeitgeist* contemporâneo pareando-se às revoluções da ciência e da linguagem: relativística, teoria do caos, fractalidade, quântica, criam novos logismos que incorporam o acaso, a descontinuidade, a assimetria, a complexidade, o fenômeno em toda sua escala mediando o sujeito expressante no bojo da cena. É o momento conjuntivo de Deleuze – do

notadamente Foucault, Deleuze e Guattari, cujas obras conjuntas "dão contingência e abrangência teórica aos novos modelos e, particularmente, ao modo de operar do work in progress"[6]. Sua busca é por aqueles que deem conta da gritante necessidade de novas formas de abordagem dos fenômenos atuais, de novas posturas de criadores, participantes e receptores, finalmente, do *zeitgeist* contemporâneo a ele. Trata-se, nessa topografia poética, de uma geografia de associações do tópos transcultural.

O CAMPO PARA

A principal fronteira é a dos contextos arte/vida.

RENATO COHEN

Se a arte tem o papel de criar espaços reflexivos, liminoides[7], podemos dizer que a performance é o lugar mais liminoide dentro da própria arte. É onde as fronteiras entre vídeo, dança, artes visuais, teatro, fotografia e outras formas de expressão são borradas, as regras são suspensas, formas expressivas levam à autorreflexão. Na performance, a própria linguagem e opções estéticas (*gestalt*, uso do tempo, do espaço etc.) já indicam formas de respostas reflexivas (o "como") às questões do eu, da arte e da vida. Cohen posicionava a performance em lugar privilegiado para a pesquisa, experimentando, na prática, o discurso que diz que a performance desconstrói ou desmascara a arte, de forma ontológica. Esse contexto é interessante: a expressão, na esfera da arte, daquilo que se pretende experimentar e refletir sobre si mesmo de forma total.

isso e aquilo, da construção rizomática –, da visão cúbica, simultaneísta, da criação de outro estatuto do real". Idem, p. XXVI.

6   Idem, p. 23.

7   Victor Turner, em *From Ritual to Theater: The Human Seriousness of Play*, entende a performance de forma ampla. Propõe cinco momentos para ela. Na fase liminar (a mais arriscada), convenções e *status* sociais são suspensos, momento crítico para a estrutura social. Com a suspensão dos papéis sociais, tensões irrompem, surgindo linguagens ou estratos sociais antes imersos. Ao mesmo tempo, cria-se espaço para a sociedade pensar sobre sua vida. Em termos parecidos, porém de forma distinta, na cultura ocidental a arte pode ser entendida como espaço liminoide, que pensa sobre si mesma.

OUTRO PLANO DE POESIA (ALGUNS APONTAMENTOS)

Pelo caminho inseguro de laboratórios de experiências, Cohen se colocava "às margens das margens"[8], ou à terceira margem. Seu foco não estava mais voltado especificamente para a performance, mas para uma atividade no campo *para-*[9]: parateatral[10], da metafísica, metateologia, "de transcendência, da superação da escala fenomenal e das materializações em seu estado de latência (matéria-prima)"[11]. O para- também se refere ao trabalho paralelo ao fazer teatral: ou seja, uma cena reflexiva, liminoide no sentido auto-crítico e cético quanto ao fazer do teatro convencional, da pesquisa laica, guiada pela razão, da ciência contrária a certo sobrenaturalismo, do sentido dos relacionamentos, da análise e do projeto, da experiência.

O prefixo *para-* permite a visualização de uma paisagem, e dá, dessa maneira, certo sentido a um campo de trabalho, sua atividade. Para- é ainda o que "fala de" alguma coisa (talvez como o *sur* do *surrealisme*). Poderíamos compará-lo, por exemplo, aos termos pós-teatro e pós-drama[12], mas eles não estariam perto da situação do relevo pessoal coheniano. Por isso a dificuldade em classificar o trabalho de Cohen como performance art, teatro ou qualquer outro nome – sua pesquisa rompe com as fronteiras

---

8 Ver J. Dawsey, *De que Riem os "Bóias-Frias"?: Walter Benjamin e o Teatro Épico de Brecht em Carrocerias de Caminhões.*

9 "A experiência parateatral, no seu movimento de alargamento de fronteiras com o *tópos* teatral – focando outras atuações, criações e contextos de representação –, estabelece o recorte da cena contemporânea do *work in process*: experiências de espaço-tempo, da relação com o público no campo parateatral, enquanto espaço de linguagem. [...] E que não alcançam (campo para) todos os corolários da representação/convenção". R. Cohen, *Work in Progress na Cena Contemporânea,* p. 12.

10 "Parateatral porque caminha paralelo ao universo do teatro, com manifestações cênicas acontecendo ao vivo, com textualização visual e verbal para o público, ampliando, ao mesmo tempo, o campo de especulação tanto temático quanto de formalização. Grotowski, no seu movimento de esvaziamento do teatro [...], é um dos primeiros a utilizar essa terminologia no momento em que retira o público como assistência de seus trabalhos (descritos em Bruce Wilshire, The Concepto of the Paratheatrical, *The Drama Review,* v. 34, n. 4, 1990)". R. Cohen, *Work in Progress na Cena Contemporânea,* p. 4. No artigo Rito, Tecnologia e Novas Mediações na Cena Contemporânea, *Revista Sala Preta,* p. 119, ele usa o termo "*para-representação*".

11 R. Cohen, *Work in Progress na Cena Contemporânea,* p. 86.

12 "Pós-Teatro: Performance, Tecnologia e Novas Arenas de Representação", em < http://www.itaucultural.org.br/proximoato/papers_port.cfm?cd_pagina= 1938&CFID=5029991&CFTOKEN=95998467 > (Sítio do evento "Próximo Ato", realizado em 2003). Acesso em: 11/1/2012.

da arte e acaba sempre escapando de formas específicas (cada pesquisa levava, inclusive, a uma forma diferente; fazia valer a alternância de semântica e de suportes). É raro achar um lugar experimental e difícil que ele não seja ambíguo. É mais difícil ainda nomeá-lo. O prefixo para- é carregado de sentidos, o que se coaduna à ambiguidade e à dificuldade em se discutir o cenário conceitual complexo de Cohen. Ele estudava a experiência concreta, era entusiasta das diversidades culturais, e vidrado nas questões de Deleuze sobre imanência, desde as profundezas da terra ao céu do céu. Essa discussão é um bom exemplo para mostrar o porquê de às vezes, para as pessoas que não estavam acompanhando a pesquisa, ela poderia aparentar um discurso frágil. É esse lugar de pesquisa difícil e ambíguo que tento apontar.

Nesse campo, procurava a cena da poiesis, que "é disruptora, criadora da gramática e do léxico, visionária, de outras relações com o fenômeno"[13]. Procurou também uma "poética gerativa": "uma cena primeira, plena de risco, imprevisibilidade, 'desamarrada' dos axiomas teatrais da representação / convenção"[14]; e na busca de referências (diacrônicas), escolhia aquelas que apresentavam uma "arte pulsativa", por exemplo, no comportamento desregrado dos românticos, ou em tudo que rompesse a fronteira entre arte e vida. A obra é aberta, não apenas sua leitura e recepção, como propõe Umberto Eco em *Obra Aberta*, mas a própria obra é a gestação de uma metamorfose sem descanso, no work in process criativo.

Temos assim várias camadas simultâneas: da ordem das ideias, da escrita performática, dos desenhos e storyboards que completam o pensar, da articulação em hipertexto.

O processo artístico ganha combustível em um jogo[15] com o estranhamento. É uma atividade que gera instabilidade. Acompanhando esse estranhamento, chegaremos também à

---

13 R. Cohen, *Work in Progress na Cena Contemporânea*, p. 1.

14 Idem, p. 10.

15 A ideia de jogo aqui se aproxima de J. Cage, que trabalhava com I Ching e está próximo da Action Painting pelo cultivo do indeterminismo (ver H. de Campos, *A Arte no Horizonte do Provável*), ou também de Mallarmé, poeta que antecipou o que ciência e filosofia trabalhariam anos depois (ver D. Pignatari, *Contracomunicação*): intervenção do acaso, descontinuidade, probabilidade do mundo físico, topologia, dimensão, tempo e suas relações com espaço, entropia, simultaneidade, relação entre arte e ciência etc. De forma mais sistemática, sobre jogo, ver J. Huizinga, *Homo Ludens: O Jogo como Elemento da Cultura*.

ideia de persona. Toda matéria que Cohen trabalha é instável, como, por exemplo, o homem e suas vicissitudes, o próprio corpo. Seu trabalho exige estar antenado àquilo que flui, à sensibilidade contemporânea, saber entrar na hora certa, e no ritmo andante, permitir a vivência total desse movimento.

WORK IN PROGRESS

> *O procedimento work in process alcança a característica de linguagem, determinando uma relação única entre processo/produto*
>
> RENATO COHEN

O campo e a dinâmica de trabalho do work in process funcionam como uma operação de um número enorme de variáveis abertas, "partindo de um fluxo de associações, uma rede de interesses / sensações / sincronicidades para confluir, através do processo, em um roteiro / storyboard"[16]. O work in process é entendido como pesquisa. Cohen fala de "conceituação e experimentação do work in progress e estudo de linguagens de encenação"[17]. O work in process dá corpo ao trabalho e gera, enquanto modelo, outros mecanismos de recepção, estruturação e permeação com o fenômeno[18] –, ou seja, provoca outro tipo de experiência.

No work in process, o criador é também receptor, e vice-versa. O procedimento criativo inclui, entre muitas outras coisas, o uso de múltiplas referências textuais, que formam um campo de ideias, "envolvendo adaptação, contextualização e transcrição de textos, poéticas e fragmentos"[19]. Cohen trabalha com o que chama de "polifonia cênica"[20], incorporando vertentes e recursos teatrais de distintas escolas, da dança, pantomima, tecnologia digital etc. de forma não ortodoxa, muitas vezes reinventando conceitos. Os elementos são articulados

---

C. Favaretto, em *A Invenção de Hélio Oiticica*, discutindo Helio Oiticica, também trata do jogo de forma interessante.

16 R. Cohen, *Work in Progress na Cena Contemporânea*, p. 17.
17 Idem, p. 31.
18 Idem.
19 Idem, p. 31.
20 Idem, p. 35.

através do *leitmotiv*[21]. O *leitmotiv*, na música, é o identificador de passagens, de um personagem ou situação. Ele também pode favorecer o recurso da montagem como motivo de ligação de partes, conduzindo, como um motivo atrator.

Cohen parece usar esse termo em outros sentidos também: como "linha de força", "de fuga" ou "fio condutor"[22], que percorre todo o processo, construindo uma temática ou ideia que se repete, trazendo às vezes uma unidade invisível. O *leitmotiv* ajuda a trabalhar com o caos, com os modelos múltiplos e as narrativas dinâmicas, guiando propostas eventualmente conflitantes ou paradoxais, e permitindo assim a construção do campo mítico.

O campo mítico é um espaço criado ao longo do processo de suas pesquisas. É o conjunto daquilo que trará o "preenchimento de significação" da performance, fundamental para colocar o work in process em movimento, que faz a pesquisa se movimentar (metamorfose sem descanso). Identifico como um mérito artístico saber construir espaços de eficácia com alto grau estético, de qualidades formais (lidando até com a pintura, por exemplo), na composição de *gestalten* sedutoras, mas ao mesmo tempo autocríticas, reflexivas[23]. Como ambiente performático, o campo mítico é a base para a construção prática do environment:

21 "Técnica de recorrência de motivos". Usado por R. Wagner como articulação formal e dramática "atuando tanto na estruturação sonora, como na rede de significações necessárias ao musikdrama", o *leitmotiv* trabalha na representação icônica e "da mesma forma que uma onomatopeia é um ícone e um símbolo, esse tipo de símbolo musical pode ser considerado como Símbolo Abstrato". J. L. Martinez, Leitmotiven: Símbolos Musicais, *Musica & Semiótica*.

22 "Não existe uma linearidade temática e sim um *leitmotiv* que justifica o desencadeamento das ações. O *leitmotiv* no caso é a caçada ao turpente"; R. Cohen, A Cena em Progresso, em M. B. de Medeiros, *Arte e Tecnologia na Cultura Contemporânea*. Ou "atuações em CD-Rom redispõem rostos, vozes, textualidades, numa varredura de *leitmotiv* que promove outra matriciação sígnica". R. Cohen, Cartografia da Cena Contemporânea: Matrizes Teóricas e Interculturalidade, *Revista Sala Preta*, Ano 1 n. 1, p. 110; ou ainda: "A utilização de *leitmotive*, [...] permite operar com redes, simultaneidades e o *puzzle* em que está se tecendo o roteiro/*storyboard*: os *leitmotive* encadeiam confluências de significados, tanto manifestas quanto sublimes, compondo, através de seu desenho, a partitura do espetáculo. [...] A rede *leitmotive* é dinâmica e muitas vezes não totalmente consciente para o criador/guia/operador: o sistema lida com transições, mutações ou índices de passagem." Idem, *Work in Progress na Cena Contemporânea*, p. 25. Nos textos de Cohen encontramos o termo grafado como "*leitmotive*", embora adotamos a grafia "*leitmotiv*".

23 Ver R. Schechner, From Ritual to Theater and Back: The Efficacy – Entertainment Braid, *Performance Theory*, sobre a "trança eficácia-entretenimento".

O conceito de environment que Renato Cohen formulou como energia psíquica presente na performance e veículo de troca, poderia nos auxiliar a entender como xamanismo e redes telemáticas aparecem juntos no elenco das palavras-chave de sua obra. Tanto um como outro conectam pessoas, estabelecem redes de contato e convivência. É uma relação que se pode estabelecer na sua teoria, mas que soa, sobretudo, como seu desejo de conectar pessoas, mundos, ideias[24].

O environment é uma das coisas que marca uma diferença entre o trabalho de Cohen e o teatro tradicional. Ele é trabalhado pela plástica, pelos materiais, tratando o espaço como texto e corpo, produzindo no corpo do espaço sua body-art, trazendo toda conjuntura *psíquica* do contexto. É aí que acontece a troca de energia entre os performers, seus ritmos e o público[25]. O environment corporifica, traz materialidade à cena, ao tópos. Trabalha sua textura. É nele que todos vivenciam a experiência de corpo inteiro, permitindo, inclusive, que o público seja participante da performance[26].

Grande parte da pesquisa de Cohen se refere a como se chegar nesse lugar do campo mítico e à construção do environment, que essa pesquisa monta e atravessa. Para cada performance havia uma maneira, atividade, técnica de respiração, viagem, música, leitura, dança etc., enfim, processos diferentes que levavam a formas e a performances diferentes.

A essa busca, mistura-se a procura por referências, por artistas da via da *avant-garde*, do parateatral, que reiterassem questões existenciais, estéticas, totalizantes – da ligação entre arte e vida. É possível dizer que essa pesquisa foi também política, no sentido de buscar formas de ruptura, de transformação,

---

24 R. Muller, Cena Viva de Renato Cohen Desbravou Fronteiras da Vanguarda, *Sala de Imprensa*, p. 4.

25 "Utilizamos, aqui, o termo environment enquanto ambiência, cenário, tanto no sentido físico quanto psíquico, imaginário". R. Cohen, *Work in Progress na Cena Contemporânea*, p. 105. "A presença da audiência, [...] instaura [...] recontextualização da obra enquanto espaço estético, ficcional, rompendo as ambiguidades – contexto vida/ contexto cênico – que incidem, por via da *participation mystique*". Idem, p. 96. É uma questão da encenação/formalização, da signagem, do gestus, da construção do espaço/tempo, do *zeitgeist*, que pode ser sentido na cena.

26 Nesse sentido, o trabalho se aproxima do programa de Helio Oiticica, tal como narrado no filme *HO*, de Ivan Cardoso (1979): "contato não contemplativo, espectador transformado em participador, proposições em vez de peças, propor propor".

de libertação antropológica e estética[27]. Movimento feito com grande sensibilidade, permitiu articular o mundo racional com o não racional, o *irracional*[28], o dionisíaco com o apolíneo, Eros e Tanatos, o mútuo pertencer da objetividade e subjetividade; soma-se a isso uma procura diferenciada pelo essencial[29] nas coisas. Daí sua afinidade, fixação e dedicação à arte minimalista. Havia também uma busca do *sublime*, da *epifania*, e principalmente, de momentos de sínteses (cabe ainda aqui uma ligação indireta e solta à *gesanptkunstwerk* – obra de arte total).

A forma da performance de Cohen era profundamente metalinguística. Ele trabalhava muito com montagem e colagem, tanto de materiais e técnicas como de partes de cenas, trabalho esse que pude observar principalmente no processo de *HA*, performance realizada em 2003 da qual participei. Em certo sentido, o procedimento performático foi facilitado nessa performance pela escolha do material de pesquisa: a escrita japonesa, os haikais e o teatro nô[30]. Como bem expressa Cassio Santiago, em entrevista de 27 de janeiro de 2010:

> Tanto a ideia do minimalismo como a ideia de paisagem de palavras, e a ideia de colagem, eram ferramentas diárias do Renato, necessárias como composição. [...] Tem essa coisa do Renato de sempre transformar e recriar ferramentas. Nesse processo, o que resultava muitas vezes eram espetáculos para artistas, porque ele estava discutindo justamente aquilo. A questão da imanência, por exemplo, que estava presente em todo trabalho do Renato. [...] Era mais que uma tautologia, era uma dobra mesmo, ele conseguia dobrar aquilo que estava sendo mostrado e feito e o como estava sendo mostrado e feito era aquilo que compunha a própria coisa

---

27 Jacó Guinsburg, em conversa registrada em 10 de março de 2008, confirma essa ideia de busca por libertação estética e antropológica.

28 A Cena Irracional, ou o "campo irracionalista", não é exatamente o oposto do que seria o "campo racional", mas um "território das potências imaginárias", um outro tipo de experiência intelectual. Sobre isso ver R. Cohen, *Work in Progress na Cena Contemporânea*, p. 23-24.

29 Essa discussão foi trazida tanto em conversas com Jacó Guinsburg como com Vera Andrada, amiga de Cohen (entrevista realizada em 12 de novembro de 2008). Andrada pontua que a busca do essencial em Cohen liga-se ao cuidado e à ética no trabalho com "o outro".

30 Sobre colagem e montagem no processo performático, ver, por exemplo, S. Eisenstein, *O Sentido do Filme*; S. C. F. Lima, *Collage: Em Nova Superfície* (apesar de a ideia de colagem aqui ser ampliada); H. de Campos, op. cit.; D. Pignatari, op. cit.; P. Leminski, *Matsuó Bashô: A Lágrima do Peixe*.

que estava sendo mostrada. É muito difícil falar disso, é uma experiência.

Num texto de Cohen, ele afirma: "Experiências limites do *happening* – em contexto próprio, distinto do teatral instituído – reitera o percurso ontológico do rito cênico na aproximação e representação da fenomenologia e do encantamento imanente, muitas vezes perdido e banalizado na cena cotidiana"[31].

Esse tipo de preocupação por um estado diferenciado, próximo ao sublime[32], não é, logicamente, apenas de Cohen. Victor Turner argumenta: "O caráter reflexivo do teatro, cujas origens remontam à fase reparadora do drama social, precisa recorrer às fontes do poder frequentemente inibidas na vida do modo indicativo da sociedade. A criação de um espaço liminar separado, quase sagrado, permite uma busca de tais fontes"[33].

Cohen sabia fazer isso muito bem: converter a "mera" experiência em "uma" experiência, de forma estética. Para Turner, essa conversão é feita pela articulação do passado com o presente, numa "relação musical". Dirá ele que: "É estruturalmente irrelevante se o passado é 'real' ou 'mítico', 'moral' ou 'amoral'. A questão é se diretrizes significativas emergem do encontro existencial na subjetividade, daquilo que derivamos estruturas ou unidades de experiências prévias numa relação vital com a nova experiência"[34].

---

31 *Work in Progress na Cena Contemporânea*, p. 15.

32 Sublime está na esfera do que pode ser apresentado: "trata-se de violentar estas fronteiras para tentar apresentar o que não pode ser apresentado. [...] O pensamento desafia a própria finitude, a imaginação (faculdade de presentificar algo, de tornar sensível o inteligível) tenta ultrapassar os limites do possível, ou seja, quando a imaginação falha ao presentificar um objeto, devido ao desacordo com a razão, temos o sentimento do sublime, indiciando o inapresentável, o que não pode ser representável". C. Favaretto, A Cena Contemporânea: Criação e Resistência, em Tânia Maria Galli Fonseca; Peter Pál Pelbart; Selda Engelman (orgs.), *A Vida em Cena*, p. 20.

33 Dewey, Dilthey e Drama: Um Ensaio em Antropologia da Experiência, *Cadernos de Campo*, n. 13, p. 184.

34 Idem, p. 179.

EPIFANIA

> *A partir dessas duas especificidades de aproximação (campo para-, mythos), iremos trabalhar um operador – o estranhamento – como chave de tráfego entre esses universos [...] e uma busca: a do campo numinoso [...] dos epifenômenos, enquanto representação.*
>
> RENATO COHEN[35]

Sua ação era contra a histórica representação teatral, em favor da atuação, numa constante busca do momento da primeiridade, como diz a semiótica, ou da emergência da epifania: "A *live-art* é arte ao vivo e também arte viva"[36]. Cohen não se propunha simplesmente a refazer uma cena construída no laboratório. Preparava tudo e todos para a improvisação, o que exigia seleção apurada de universo artístico. Não se tratava de "puro acaso", mas de eleição cuidadosa de sintagmas estéticos. Preparava a cena e o performer para o novo desconhecido, que surgisse no momento, na procura daquilo que nunca existiu e que logo deixaria de existir, da esfera do sublime. Cada encontro não era um ensaio, mas uma performance, em que já se procurava a densidade de um acontecimento. Travou, assim, uma luta contra a falsidade e a representação teatral, mas que se refere diretamente à "Grande Falcatrua" da vida social[37].

A cena da epifania é uma cena da vitalidade, da concentração no agora, na presença, uma cena da imanência, às vezes conquistada em outros estados corporais. O trabalho possui, portanto, um caráter ritual. Cohen aproxima-se do sentido dado por Antonin Artaud ao que chama de teatro ritual que, segundo Quilici, "surge como possibilidade de reconexão com as potências vitais, aproximando-nos, ao mesmo tempo, da instabilidade ameaçadora e do caos"[38].

Teríamos espaço para muitas discussões a respeito disso. Porém, devo ressaltar apenas que a presença do público funcionava para Cohen como uma "intervenção edipiana" da

35 *Work in Progress na Cena Contemporânea*, p. 62.
36 R. Cohen, *Performance como Linguagem*, p. 38.
37 Ver J. G. Pessanha, *A Certeza do Agora*.
38 C. S. Quilici, *Antonin Artaud: Teatro e Ritual*, p. 59.

OUTRO PLANO DE POESIA (ALGUNS APONTAMENTOS)

ambiguidade entre vida/cena[39]. A solução encontrada por Grotowski para esse problema dos espectadores é encerrar as apresentações públicas a fim de não interromper a "intensidade ritualística, evocativa"[40] experimentada em "laboratórios parateatrais"[41]. A tendência de Cohen, no entanto, em consonância com Artaud, é integrar o público no "estado de intensidade e presença que denominamos como 'campo mítico'"[42]. Essa integração se dá não só por afinidades, mas por disparidades. O estudo da presença e da recepção passa hoje pela pesquisa de novas tecnologias da mídia, campo também experimentado por Cohen.

É preciso ponderar que nenhum ato, em certo sentido, se apresenta como sensação pura, pois nossa percepção já é "informada" (*gestalt*). Jacó Guinsburg dirá que a representação é uma decorrência da forma de nosso pensar. Toda realidade se apresenta para nós como uma representação decorrente de nossa capacidade mental de simbolizar e re-apresentar. "Então, daí porque esses atos performáticos não constituem pura ação, mas constituem também, ao meu ver, formalizações e representações"[43]. Guinsburg dirá ainda que remontar a origem do teatro é remontar a origem da cultura.

A epifania emergente contém a ideia do fogo. O fogo destrói, abate, fecha, extingue, emerge trazendo o descontrole e o incomunicável, mas também ilumina. Epifania, que emerge como experiência estética e gestáltica, dos sentidos, das sínteses das ideias com as formas. "*Locus* de dissonância"; "O próprio conceito de epifania [...] carrega o paradoxal; remete ao desvelamento daquilo que não pode ser contemplado"[44].

---

39 R. Cohen, *Performance como Linguagem*.

40 Apud idem.

41 Idem.

42 *Work in Progress na Cena Contemporânea*, p. 96.

43 Trecho de diálogo com Jacó Guinsburg sobre o tema, registrado em 10 de março de 2008. Esse era um dos focos da discussão crítica entre Guinsburg e Renato: a procura incessante por certo estado de presença "puro", e o contra apontamento de Guinsburg de que mesmo na apresentação de si próprio há uma sobreposição, uma camada de representação. Posteriormente, Cohen muda de foco: a proposta se transforma e toma outras direções.

44 *Work in Progress na Cena Contemporânea*, p. 63.

Entenda-se a "clareira" desse fogo (e seu descobrir)[45], como o encobrir de uma egrégora[46], tal como é proposta por Cohen em diversas performances: "O 'mítico sutil', por nós procurado, também demanda mecanismos de proteção (psíquica, física), com estabelecimento de egrégoras e também percorre, pela amplificação dos fenômenos e pelo percurso de fronteira, limites tênues e perigosos"[47].

O treinamento e condução de um processo dos performers (que já se configuravam como ação performática), dentro do environment cênico, tinha a epifania como devir especial, como desvelamento daquilo que não pode ser conceituado. Epifania é também entendida como um momento de inspiração, de *insight*. O environment revela e desvela, encobre e descobre. Ele engloba não somente a cena, mas todo um ambiente de performers (e público) em movimento, formando uma totalidade plástica, como *gestalt*[48]: "fechamento por imagem, superposição de cenas/efeitos, figura-fundo e figura-frente", operando tempo e espaço com "introdução de cognições subliminares"[49].

A epifania seria um momento de síntese, da signagem[50] plástica, estética, gestáltica, mas também síntese de conceitos, de

---

45 A perspectiva da presença viva na cena, ao mesmo tempo gestáltica e reflexiva, encantatória e ruptora da ilusão teatral, da representação, é um tema profícuo. Heidegger pode ser um bom filósofo para se pensar sobre epifania se levarmos em conta seu entendimento sobre aletheia: esta seria uma "verdadeira experiência", da emergência de um descobrir, do "espanto enquanto morada". Aletheia é um cobrir/descobrir de uma clareira: "cobrir para preservar a possibilidade essencial do surgir", descobrir, cujo vigor "dura num descobrimento". Cf. M. Heidegger, Aletheia (Heráclito, Fragmento 16), *Ensaios e Conferências*, p. 245. A epifania pode ser entendida, nesse sentido, como o momento da aletheia.

46 Egrégora é um desses conceitos instáveis e flutuantes de Cohen, já citados anteriormente. De forma geral e simplificada, era usado também para entender o lugar de proteção e criação de uma cena nascente, em desenvolvimento, como clareira.

47 *Work in Progress na Cena Contemporânea*, p. 75.

48 "*Gestalt* é forma, configuração. A performance remonta ao teatro formalista. O processo de criação geralmente se inicia pela forma e não pelo conteúdo, pelo significante para chegar ao significado. [...] Trabalha-se com a transformação, com a *figura principal* e com a *figura fundo*. Num determinado momento o performer é frente, depois é fundo de um objeto, de uma luz etc." R. Cohen, *Performance como Linguagem*, p. 106.

49 Idem, *Work in Progress na Cena Contemporânea*, p. 26.

50 A signagem é um conceito bom para se entender a percepção da *gestalt* na cena coheniana: "signo complexo imbuído de primeiridade (indicial), de iconicidade (cênica) e de interpretantes (terceiridade peirciana). Signagem como referência significante e sensitiva com o fenômeno (modelo da linguística e estruturalismo)." Idem, p. 27, nota 48.

OUTRO PLANO DE POESIA (ALGUNS APONTAMENTOS)   35

ideias, enfim, da essência de sentido, a síntese no momento da operação das coisas. Não é possível apreendê-la de forma estática, mas sim em performance. Há algo de sublime na síntese de uma força, jorro da beleza estética e conceitual, no rasgo epifânico.

Quanto mais sintético, maior a possibilidade de estar aberto: indica caminhos possíveis ("menos é mais"). O minimalismo tem de certa forma o poder do arrebatamento estético/conceitual. Usando a repetição, pode-se provocar os estados corporais. Ao mesmo tempo, o minimalismo tem uma raiz laica, da cultura cética.

A procura do momento epifânico às vezes beirava a vertigem, o caos. Talvez a filosofia zen-budista, também pesquisada por Cohen, seja uma forma enviesada de buscar sínteses e equilíbrios em forças tão contraditórias. Nessa cena, equilíbrios estranhos são elaborados, como pesos de unidades diferentes; enigmas insolúveis são imagens do entendimento da própria morte.

ERRO

Um lance de dados jamais abolirá o acaso.

MALLARMÉ[51]

É importante fracassar em público.

PENNY ARCADE[52]

O campo de trabalho de Cohen é também lugar onde o erro[53] é permitido. Não apenas o lugar onde os *gauches* se encontram, mas o lugar do instável à procura de equilíbrio poético. Há um jogo com o estranhamento, um jogo arriscado porque sempre apresenta perdas: a cena pode se estragar, pela autorreflexão e crítica

---

51 Tradução de Haroldo de Campos, em A. de Campos, D. Pignatari, H. de Campos, *Mallarmé*, p. 149.

52 Apud A. Bernstein, A Performance Solo e o Sujeito Autobiográfico, *Sala Preta*, ano 1, n. 1.

53 Cohen cita, entre outros artistas que trabalham com o erro: "a *ocurrence art* de John Cage – escolhendo partituras ao acaso no momento da apresentação, as teorias da deriva situacionista – com imediato desdobramento artístico, as performances cênicas de Spalding Gray do Woster Group são exemplos de aproximação do erro, do acaso revelador/desvelador, inspirados, mais remotamente, nas aproximações transversas do Zen-Budismo". *Work in Progress na Cena Contemporânea*, p. 97.

corrosiva e destrutiva da própria performance. E muitas vezes isso acontece: perde-se a cena. Essa flexibilidade no trato com o erro traz, ao mesmo tempo, uma vitalidade pulsante. É um dos elementos que mudam a qualidade da experiência. "O verdadeiro teatro é a experiência da 'vitalidade intensificada'"[54], diz Turner.

Há nisso uma relação direta com o que James Clifford chama de "surrealismo etnográfico", referindo-se a certa atividade de um grupo europeu dos anos de 1920[55]. Questionando profundamente a realidade, e apontando o outro como objeto de pesquisa, tanto a etnografia quanto o surrealismo entravam no jogo do estranhamento. É difícil localizar esse "grupo", ele é apresentado mais como um momento ou atitude. Atitude que chamo carinhosamente de para-antropologia, que se estranha, que fala sobre si, que é cética de forma poética, assim como o parateatro de Cohen.

O grupo citado por Clifford mantinha ativo, de certa forma, assim como Cohen, justamente aquilo que podia revelar sua própria existência como construção, e, portanto, sua artificialidade. Trabalhava com elementos de desestabilização que indicavam sua fragilidade, que não o deixava firmar-se como disciplina[56]. "O que está em questão é a perda de um jogo disruptivo e criativo de categorias e diferenças humanas, uma atividade que não simplesmente exibe e compreende a diversidade de ordens culturais, mas que espera, abertamente, permite e na verdade deseja sua própria desorientação"[57].

A inserção do "erro"[58], do elemento de risco, do fugidio "premissa da cena do work in process imbuída do espírito das vanguardas e das expressões da performance"[59], implica em manutenção constante da cena. Esse poder antropológico de

---

54 Dewey, Dilthey e Drama: Um Ensaio em Antropologia da Experiência, *Cadernos de Campo*, n. 13, ano 14, p. 184.

55 Cf. Sobre a Autoridade Etnográfica, *A Experiência Etnográfica*.

56 "Tal atividade se perde na consolidação e na exibição de um conhecimento etnográfico estável. Nos anos de 1920, o conhecimento ostentado por uma etnografia mais jovem, aliada ao surrealismo mais excêntrico, mais informe, e disposto a deslocar as ordens de sua própria cultura – a cultura que construiu grandes museus de ciência etnográfica e de arte moderna". J. Clifford, op. cit., p. 161.

57 Idem, ibidem.

58 "A inserção do elemento 'erro' corrobora, no universo artístico, o princípio da incerteza/ indeterminação de Heisenberg, que rompe com o paradigma do determinismo." R.Cohen, *Work in Progress na Cena Contemporânea*, p. 97, nota 11.

59 Idem, p. 97.

estranhar a si mesmo pode ser perigoso, se levado a sério. O "outramento" pode levar a transformações permanentes. Talvez fosse essa para-antropologia que Cohen procurava. Suas propostas muitas vezes eram entendidas como *travessias*, e as viagens, como experiência de estranhamento. Procurava o "deslocamento do percurso ordinário, habitual, para a amplificação da consciência, recepção dos fenômenos e vivência de experiências de maior substancialidade"[60]. Isso o levou à construção de uma "cena do deslocamento", carregada de improvisos, de processos derivativos, permeados pela poiesis. Trazia, ao mesmo tempo, o bizarro, a aproximação de opostos, a "cena irracional", o elemento falho que, pela via transversa, revela. Um movimento cético e quase anarquista: "A cena do *Zeitgeist* contemporâneo quer, antes de um mero 'desmanche' dadaísta, a busca de parasentidos, de paralogismos, cumprindo o enunciado surrealista de supra-realidades, procurando sentidos e significações que extrapolem a verossimilhança conhecida"[61].

NOVAS MÍDIAS

Em *Teatro Pós-Dramático*, Hans-Thies Lehmann, dramaturgo e teórico teatral, identifica uma generalizada "virtualização da realidade" e a "penetração do esquema midiático em todas as formas de percepção", o que se desenvolve muitas vezes na forma de clichês na cena contemporânea: "Diante da força expressiva e da abrangência quase incontornável da realidade midiatizada, a grande maioria dos artistas não vê nenhuma outra saída senão 'enxertar' seu trabalho nos modelos existentes, em vez de fazer a tentativa aparentemente inglória de chegar a uma formulação diferente e divergente"[62].

Considerando que faz muito pouco tempo que temos acesso às ferramentas que nos permitem entrar de forma generalizada nessa "moda midiática", ou "midiatizante", podemos dizer que ainda não entendemos completamente o efeito e o significado disso em nossas vidas.

60 Idem, p. 61.
61 Idem, p. 7.
62 *Teatro Pós-Dramático*, p. 198.

É reconhecida certa "frieza" provocada pelas mídias eletrônicas, notadamente nas situações cênicas, na performance art ou em happenings. Certa frieza é associada também à arte conceitual. A performance arte está ligada a essa frieza, talvez por se dirigir à experiência do presente, do agora. Ela não é necessariamente fria por uma assepsia (do cubo branco, por exemplo), mas pela crueza e pela brutalidade do real (da disponibilidade de "sangue frio" na execução da performance), por romper com a ilusão e discutir a própria cena, por se ligar diretamente à arte conceitual.

Não é à toa que podemos ver na performance grande quantidade de produções de experiências com o uso das novas mídias eletrônicas (rede, projeções etc.). Como campo de experimentação, vários domínios são convocados. Já disse Victor Turner, em *From Ritual to Theater: The Human Seriousness of Play*, que é mais importante o "como" que o "se" na performance, e assim se dá o lugar da metarreflexão por excelência. Mas isso não justifica o uso de efeito clichê da nova tecnologia, sem densidade poética, densidade da vida que, em realidade, é o que se vê de forma tão disseminada, tanto na performance, como em outras formas de expressão.

Um bom exemplo de um trabalho denso com uso de tecnologia é a performance *Corpos Cósmicos* (primeiro projeto final de performance no programa Artes do Corpo da PUC-SP, coordenado por Cohen em 2002), que apresenta desdobramentos de pesquisas sobre Francis Bacon e Artaud. A experiência marcou fortemente as pessoas que participaram, como registrado em entrevistas. A performance *Imanência – Caixas do Ser* (1999), que foi programada para trabalhar com tecnologia de ponta, ultrapassou a questão da estrutura tecnológica, do mecanismo que era tão impressionante para a época (imagens em vídeo em tempo real pela internet), para ocupar um plano do estado de arte-vida.

Na performance, o aumento da atenção no "como" se faz, "como" acontece, pode ser acompanhado por uma despreocupação com a interpretação. Isso faz parte de um "projeto antirrealista": "Se [...] por um lado vai se perder em qualidade estética, ganhar-se-á, pelo outro, no aumento de espontaneidade e de quebra de representação"[63].

---

63 R. Cohen, *Performance como Linguagem*, p. 68.

OUTRO PLANO DE POESIA (ALGUNS APONTAMENTOS) 39

Muitas vezes esse mau acabamento (presente em algumas performances, não necessariamente voluntário, mas bastante consciente) foi motivo de críticas a performances (inclusive às de Cohen) que investem todos os esforços em referências irônicas, em reflexões e discussões internas à arte, às vezes exaustivas ou mesmo incompreensíveis para quem desconhece seu contexto. E também por isso, às vezes, há nas performances o uso de um número abusivo de "materiais" (projetor, retroprojetor, *slides*, cabos, extensões, benjamins): a técnica e seus apetrechos estão sendo discutidos ali, em cena.

Há vários motivos para que a performance seja um bom lugar para se trabalhar com novas mídias[64]. Um deles é seu conhecimento e disposição para o trabalho com o erro, com o incontrolável, como se viu anteriormente. É muito arriscado trabalhar com tecnologias eletrônicas, porque elas proporcionam erros, o que exige a aceitação de variáveis que não se controlam, uma direção mais aberta, portanto. Se há algo que um performer pode ensinar é sobre o uso do erro[65]. O erro atrapalha as convenções, o que é uma postura integrante da performance e uma discussão que se inscreve na cena.

TÓPOS MYTHOS TEKHNÉ

Renato Cohen fala em dois tópos cênicos: o estético, da "contemplação" (do teatro tradicional de "quatro paredes", por exemplo), e o tópos mítico, do acontecimento, do espontâneo, da participação (mais próximo do happening). O espaço que Cohen encontra para experimentações está entre esses dois modelos, assim como o estão os aspectos para uma performance ritual.

No entanto, para Cohen, a cena do tópos mítico não significa uma performance ritual "unplugged". Muito pelo contrário, como quer Cohen, juntando as duas coisas, temos uma transmidia: independentemente da ideia da técnica como dominação da

---

64 "A Arte Performance é por natureza uma arte midiática, das revoluções de suporte, operadora dos trânsitos e passagens contemporâneas". R. Cohen, Performance e Tecnologia: O Espaço das Tecnoculturas, *Anais do II Congresso Brasileiro de Pesquisa e Pós-Graduação em Artes Cênicas*, v. 2, out. 2001.

65 Agradeço a Naira Ciotti por esta observação, feita em reunião do Grupo de Estudos da Performance.

natura, o contemporâneo "supera, ao nosso ver, o cinismo pós-moderno articulado nas ideias de paródia, pastiche e fetichismo, resgatando a prioridade de um sujeito da experiência, de um tempo de presentificação e de transcendência, da *teckné* em estreita relação com a *phisis*"[66]. Não há arte fragmentada. É o tópos mythos-tekhné.

É curioso que, provavelmente, Hans-Thies Lehmann não tenha lido Cohen, e vice-versa, apesar de terem se encontrado pelo menos uma vez, durante um evento internacional em São Paulo[67], quando os dois estiveram na mesma mesa de discussão. Há convergências e divergências em seus discursos a respeito desse tema. Lehmann fala em espaços teatrais múltiplos, proporcionados pela mídia, que vão além da "ilimitada disponibilidade de transmissões eletrônicas de espaços temporais e tempos espaciais"[68]. Fala em uma nova arte de assistir, carregada de conexões perceptivas imprevisíveis que as mídias podem estimular. E mais: aponta trabalhos nos quais a mídia proporciona o "*tempo-corpo* espacializado, carregado de *physis*"[69]. Essa aproximação entre Cohen e Lehmann deve ser, contudo, sempre ponderada. Se por um lado Lehmann desenvolve um trabalho crítico e histórico, Cohen, diferentemente, participa e reflete sobre essa cena contemporânea, desenvolvendo um aprofundamento específico de sua própria poética e de seu processo criativo, indo fundo no fazer da performance, de uma forma que Lehmann não faz. Este parece falar apenas pelo teatro[70]. Há ainda outras divergências entre os autores.

Durante a performance, a memória é articulada[71]. Permanece a questão sobre como se usam as novas mídias para essa articulação, como se criam conexões novas entre frequências diferentes e sincrônicas, como se articulam esferas e planos diferentes da vida. A experimentação do work in process

66 "Pós-Teatro: Performance, Tecnologia e Novas Arenas de Representação".
67 Uma vez que Lehmann não lê português e Cohen faleceu antes da edição brasileira do livro *Postdramatiches Theate*, de Lehmann. Sobre o evento ver: "Próximo Ato", 2003. Disponível em: <www.itaucultural.org.br/proximoato2003/>. Acesso em: 11 jan. 2012.
68 H.-T. Lehmann, *Teatro Pós-Dramático*, p. 276.
69 Idem, p. 278.
70 Ver J. Guinsburg; S. Fernandes, *O Pós-Dramático*.
71 Para um aprofundamento a esse respeito, remeto a meu estudo anterior, *America, Américas: Arte e Memória*.

OUTRO PLANO DE POESIA (ALGUNS APONTAMENTOS)   41

vai de encontro a essas questões. A cena que Cohen cria neste percurso de ambivalências "é propositalmente assimétrica, esquerda, estranha"[72]. Que outras formas de "pensamento corporificado" estamos produzindo? Caberia aqui uma discussão da performance como hipertexto[73], construindo ambiente de recepção e de leitura não linear, transformando essas articulações. O uso da interatividade e de telepresença era, também, um universo que Cohen pesquisava.

A performance atualiza e cria sintaxes paratáticas voltadas a questões atuais (no contexto das novas mídias) como a polifonia, o corpo expandido, a percepção – corpo e aesthesis –, a fenomenologia. A percepção sensorial atribui aos estímulos significados que são determinados subjetivamente. O contexto e as vicissitudes do processo são transformadores da cena.

Esse discurso não fica no papel: é materializado nas performances de Cohen, que não procura sentidos imediatos, mas experiências, perseguindo uma totalidade, como *gestalt*[74], que surge junto à direção, em tempo real. O imaterial torna-se presente. É sobre o campo das transformações do corpo que estamos falando, de Artaud a Deleuze e Guattari. "A relação

72 R. Cohen, *Work in Progress na Cena Contemporânea*, p. XLI.

73 "As novas estruturas textuais perpassam o uso do intertexto – enquanto fusão de enunciantes e códigos; a interescritura – onde a mediação tecnológica (rede Internet) possibilita a coautoria simultânea; o texto síntese ideogrâmico – na fusão das antinomias; o texto partitura – inscrevendo imagem, deslocamento, sonoridades e a escritura em processo, que inscreve temporalidade, incorporando acaso, deriva e simultaneidade. Na composição do texto espetacular – em inter-relações de autoria, encenação e performance – o hipertexto sígnico estabelece a trama entre o texto linguístico, o texto *storyboard* – de imagens, e o texto partitura – geografia dos deslocamentos espaço-temporais.

Hipertexto que aqui é definido enquanto superposição de textos incluindo conjunto de obra, textos paralelos, memórias, citação e exegese. O semiólogo russo Iuri Lotman (*Universe of the Mind*, 1997) nomeia o grande hipertexto da cultura depositário de historiografia, memória, campo imaginal e dos arques primários." R. Cohen, "Pós-Teatro: Performance, Tecnologia e Novas Arenas de Representação". Ver também P. Levy, *As Tecnologias da Inteligência*.

74 A construção de *gestalt* é tema fértil. As novas mídias potencializam o processo de "incorporação do texto em toda sua semiose – abarcando registros sonoros, gestuais, orais, não visíveis, literários, sinestésicos". "A Arte Performance é por natureza uma arte midiática, das revoluções de suporte, operadora dos trânsitos e passagens contemporâneas". R. Cohen, Performance e Tecnologia: O Espaço das Tecnoculturas, *Anais do II Congresso Brasileiro de Pesquisa e Pós-Graduação em Artes Cênicas*, v. 2. E isso inclui espirros, quedas, erros, vento, a percepção do todo em sua qualidade formal (*gestalt*). Um bom exemplo disso é *Gotham SP*, da Cia. Teatral Ueinzz.

axiomática da Performance corpo-texto-audiência, enquanto rito, totalização, implicando interações ao vivo, é deslocada para eventos *intermediáticos* onde a telepresença (*online*) espacializa a recepção. O suporte redimensiona a presença, o texto alcança-se a hipertexo, a audiência alcança a dimensão da globalidade. Instaura-se o tópos da cena expandida"[75].

Pode-se incluir agora novas dimensões à percepção da *gestalt*. Espaços temporais heterogêneos, cujos encontros se dão como possíveis confrontos, são conectados "sem esforço" pelas novas mídias, e mantêm, no entanto, o conflito latente em uma articulação sincrônica. É como se entendêssemos melhor o funcionamento do sistema nervoso. "Semeia-se uma cena das pulsões, da primeiridade. Operações que são amplificadas pelos novos extensores, sensores e suportes de tecnologia e imagem"[76].

No que se refere à "cena contemporânea", as novas mídias eletrônicas interessam no sentido do trabalho com o instável, já que existe em Renato Cohen sensibilidade para articular uma cultura não linear e inconstante. Elas interessam para articular híbridos, paradoxos e agenciar conjunções de alteridades. Com elas, pode surgir uma nova forma de ver, mas também de montar, que não opera no paradigma "causa e efeito".

ENCENADOR

Com essa perspectiva que construímos até agora, podemos entender por que Renato Cohen se via como "encenador-orquestrador", com a função do "homem total do teatro" preconizada pelo teatralista Edward Gordon Craig: "Privilegia-se [...] o criador – em presença –, sua voz autoral, em que se acumulam as funções de direção, criação da textualização de processo e *linkage* da *mise-en-scène*"[77].

Isso significava assumir-se como um "encenador" ativo durante as performances, que, por exemplo, dava novos direciona-

---

75 R. Cohen, Performance e Contemporaneidade: Da Oralidade à Cibercultura, em J. Pires Ferreira (org.), *Oralidade em Tempo e Espaço: Colóquio Paul Zumthor*, p. 232.

76 R. Cohen, Performance e Tecnologia: O Espaço das Tecnoculturas, *Anais do II Congresso Brasileiro de Pesquisa e Pós-Graduação em Artes Cênicas*, v. 2.

77 *Work in Progress na Cena Contemporânea*, p. xxviii.

mentos para as cenas durante o evento. Cita, em seu livro, por exemplo, na performance *Tempestade e Ímpeto*, o exercício de alterar o ritmo e a duração da peça, "alterando-se a cada noite conforme o instante, a recepção, a inspiração de algum performer ou vicissitudes do momento"[78] a duração das fitas junto com o operador da mesa. Samira Borovik, em entrevista concedida em 7 de março de 2008, usa a expressão "diretor em tempo real". Da mesma forma, na performance *Hiperpsique* (2003), Cohen, durante a cena, mudava a iluminação previamente combinada, na frente do público, no galpão do Sesc-Pompeia Pompeia. Era uma forma autoritária de controle do tempo. Ele também organizava o fim da performance. Uma das formas de terminar a cena era cobrir o performer com feltro. Funcionava como um "isolante" sensível, mas muitas vezes surpreendia o performer: "Exatamente, o controle do tempo. Isso era rigorosíssimo e discriminatório da parte do Renato. Quando ele estava no espetáculo, era no tempo dele. Ele mandava a persona entrar e mandava sair. Mesmo sentado na plateia. Ele dava algum jeito de chegar no ator e falar 'entra, entra, entra' e 'sai, sai sai'... Sempre tinha essa coisa [...], e variava de um dia pro outro"[79].

O encenador é também um meta-autor, "escritor do processo" sem dramaturgia: "A grande escritura que se tece é a do texto espetacular, matriz de sonoridades, paisagens visuais, passagens e intensidades performatizadas"[80]. Como um (des)orientador, Cohen ia ampliando o processo de pesquisa, construindo roteiros, storyboards, conduzindo laboratórios. O encenador ocupa uma função mais global do que o diretor, trabalha também na construção plástica, no cenário, na proposta de materiais catalisadores, tanto na composição dos elementos da cena como na orquestração dos outros artistas-performers. Orquestrador da música (sotaques) e do ritmo do environment.

Desloca-se, na verdade, os procedimentos da performance, em que o criador-atuante partituriza seu corpo, sua emoção, subjetividade, suas relações com a escala fenomenal, com o espaço-tempo materiais, para a extensão grupal, a operação cênico-teatral [...].

---

78 Idem, p. 98, nota 16.
79 Cassio Santiago, entrevista concedida em 27 de janeiro de 2010.
80 *Work in Progress na Cena Contemporânea*, p. 6-7.

Poderíamos diferenciar o encenador como sendo aquele que acumula as funções do diretor e alguma coisa a mais. Essa alguma coisa é a pesquisa, o processo de produção, a interação com a sociedade e até detalhes da montagem[81].

Esses processos são densos, mas muito permeáveis, daí a ideia de processos derivativos. A relação, condução e transições do percurso é que são feitas com poesia. Cohen, como próprio "fio condutor" provocador, torna o processo bastante colaborativo: "muito do que é criado é resultado de laboratórios, experiências e discussões a partir do trabalho de atores e dos outros artistas envolvidos no processo. [...] Isso tudo é feito com a coordenação do encenador". Manteve sempre "ligação 'irracional'/intuitiva com os performers": "A minha organização como criador é especializada, imagética, iconográfica, compondo um pré-processo do *storyboard*"[82]. A cena processual de Cohen não é fácil – exige intensidade específica. O próprio percurso possui qualidade poética.

POÉTICA

Podemos considerar que Cohen possui uma poética própria, com intenções, escolha, gramática, recorrência de temas. Mas só é possível compreender essa poética se relacionada ao seu processo criativo (criação processual). O procedimento work in process incita um percurso em si poético e potencialmente emancipatório.

---

81 *Work in Progress na Cena Contemporânea*, p. XXVIII.
82 Idem, p. 37, notas 71 e 72.

3. Persona-Pessoa, Persona-Personagem

> *Se os seres humanos fossem ou tivessem esta ou aquela substância, este ou aquele destino, nenhuma experiência ética seria possível […] Isso não significa, no entanto, que os seres humanos não são, e não têm que ser, algo, que eles estão simplesmente consignados ao nada e, portanto, podem livremente decidir ser ou não ser, adotar ou não adotar este ou aquele destino (niilismo e decisionismo coincidem nesse ponto). Há de fato algo que os seres humanos são e têm de ser, mas isso não é uma essência nem propriamente uma coisa: é o simples fato da existência de alguém como possibilidade ou potencia[…].*

GIORGIO AGAMBEN[1]

Dois trabalhos desenvolvidos por Cohen, *Imanência, Caixas do Ser* e *Gotham* SP, apesar de suas fortes diferenças, tanto pelos momentos em que foram realizados quanto pela formação dos artistas que neles trabalharam, apresentam todavia foco em algumas das características pontuais da questão da persona, e tratam do work in process como processo criativo. De forma geral, têm em comum a vivência do acontecimento em cena (em detrimento da representação), conduzindo novas relações de espaço-tempo e a forma de recepção do trabalho, que coloca o público em atividade (como interatores). Por fim, ambos organizam-se em intertextos "na órbita do hipertexto, como rede de agenciamentos e subjetivações de diversos sujeitos"[2].

1 G. Agamben, *La comunità che viene*, p. 39.
2 Essa relação foi feita de forma análoga pelo próprio Cohen no texto "Rito, Tecnologia e Novas Mediações na Cena Contemporânea Brasileira", em que ele analisa, de forma comparativa, o trabalho da Cia. Ueinzz com o evento "Constelações", que apresentou performance telemática: "A meu ver, tais trabalhos têm em comum o traço do contemporâneo, quer seja o lidar com o acontecimento e não com a representação – seja pela força da loucura, disruptora, num caso, e pela extensão do 'tempo real', no outro, ativando outras relações de espaço-tempo e recepção […] e com uma narrativa que é permeada por intertextos organizando-se na órbita do hipertexto". Rito, Tecnologia e Novas Mediações na Cena Contemporânea Brasileira, em M. P. Rolla; M. Hill (orgs.),

IMANÊNCIA – A FEITURA DE PESSOAS – SINTONIZANDO A MÚSICA DO SEU EU

Imanência – O Corpo Instalado, ou *Caixas do Ser*, foi uma obra realizada na Casa das Rosas, em outubro de 1999. José Roberto Aguilar, na época diretor da Casa das Rosas (Centro Cultural da Secretaria de Estado da Cultura), convidou Renato Cohen para desenvolvê-la: oito artistas foram instalados por oito dias em salas visíveis ao público, porém sem poder fazer contato com a vida externa às suas salas. A Casa das Rosas em si propiciava uma espécie de *site specific*, e a "exposição" funcionou como uma instalação. Havia câmeras 24 horas, e as imagens estavam disponíveis na internet. Esse era um projeto que Cohen planejava havia tempo, segundo Leila D (entrevistada em 30 de março de 2010). A questão da imanência e do artista mergulhado em uma pesquisa era cara a Cohen, e especialmente cara à história da performance (ver, por exemplo, o trabalho de Marina Abramovik ou Joseph Beuys). Lucas Bambozzi realizou a concepção do site e Solange Lisboa assina com ele esse trabalho.

A princípio houve uma convocação e uma série de entrevistas filmadas para a escolha do elenco do evento. Depois de escolhidos os artistas participantes (segundo Aguilar, selecionados pela "capacidade poética", "nível humano" e, principalmente, aqueles artistas que "eram muito felizes consigo mesmos"[3]), aconteceram muitas conversas, para assegurar de que todos teriam condições emocionais para desenvolver a proposta: isolar-se, porém permitindo sua própria exposição, com todas as necessidades básicas supridas, podendo produzir e dar continuidade a pesquisas e experimentos pessoais. A proposta pedia performers com *physique-du-rôle*, não só físico como existencial. Havia algumas regras: os minutos de banho de sol eram acompanhados, as portas de cada quarto eram fechadas por vidros, as paredes forradas com madeira (a Casa é tombada,

---

MIP *Manifestação Internacional de Performance*, p. 53. No texto "Cartografia da Cena Contemporânea: Matrizes Teóricas e Interculturalidade", ele cita o trabalho da Ueinzz e o *Imanência* como "trabalhos de ponta que operam uma interlinguagem, […], nomeados num campo da cultura das bordas".

3 Aguilar concedeu entrevista em 9 de março de 2009, em sua residência.

e, portanto, suas paredes não podem ser suporte para intervenções) e os imanentes[4] (como se chamavam os artistas instalados) não podiam conversar ou se comunicar diretamente com ninguém. A exposição era aberta durante o período comercial, com percurso livre. O público mandava recados escritos para os imanentes. Os imanentes se comunicavam apenas por bilhetes, deixados em um tubo de alumínio chamado "Túnel do Tempo" (nome depois adotado pela TV Globo[5]), que era recolhido ao final do dia. Os bilhetes podiam ser pedidos específicos (sobre o banho, a comida, ou algum material que precisassem para trabalho), como também algum comentário ou pensamento (essa comunicação por recados não foi divulgada ao público). A reclusão levou à necessidade de um grupo de psicólogos dando assistência diária ao grupo.

Os artistas eram filmados 24 horas, e as imagens disponíveis na internet (alguns quartos tinham um ponto-cego, já que a produção proporcionava apenas uma câmera por quarto). No hall de entrada da Casa das Rosas era possível acompanhar a todos ao mesmo tempo, por várias telas, uma referente a cada quarto, e escolher um quarto para observar pessoalmente. Era uma proposta ousada, e antecedeu em um ano o formato televisivo *Casa dos Artistas*[6]. *Imanência*, no entanto, não tinha nada a ver com a televisão: era uma convicção da necessidade da introspecção, imersão e foco na criação artística. A internet ainda estava começando a ganhar força e poucas pessoas

4 Samira Brandão Borovik, Rogério Borovik, Lela Queiroz, João André Rocha, Naira Ciotti, Alberto Marsicano, Leila D e Claudio Spinola.

5 Como uma pesquisa em andamento, sendo exposta de forma cênica, os experimentos em performance continuam a influenciar outros campos de trabalhos, especialmente em artes cênicas, mas não só. As descobertas dos experimentos performáticos continuam a ser absorvidas e a abrir campos nas áreas mais diversas da arte, da ciência da tecnologia, da economia etc. Essa relação entre a performance e as demais formas de expressão se dá cada vez mais de uma maneira institucionalizada, ao mesmo tempo que a performance luta contra sua institucionalização, mantendo esforços contra um "fazer correto" da expressão artística. A arte da performance acaba desenhando a expressão de um movimento ao arrepio das formas conhecidas.

6 O primeiro Big Brother foi realizado na Holanda pela produtora Endemol, entre 16 de setembro e 30 de dezembro de 1999 – 106 dias –, e *Imanência* se deu no mês seguinte. A primeira *Casa dos Artistas*, de Silvio Santos, foi realizada um ano e meio depois, entre 28 de outubro e dezembro de 2001. Já o primeiro Big Brother Brasil começou em 29 de janeiro e terminou em 2 de abril de 2002.

possuíam conexão em casa. O vídeo chegava com um *delay* de aproximadamente cinco minutos e não corria contínuo, como hoje em dia: assistia-se quase frame por frame, pausado. No entanto, funcionava: era uma tecnologia impressionante para o imaginário da época. Aguilar, de forma pioneira, já havia conectado outras instalações e exposições da Casa das Rosas à internet. Em sua entrevista, ele comenta que o site era enorme. Era mantido um acervo virtual. Havia ainda a rádio da Casa das Rosas, veiculada pela internet alguns dias por semana. *Imanência*, no entanto, tomou esse suporte como pesquisa, aprofundando questões de presença e ausência, a relação entre corpo e obra, e, principalmente, a extensão física do trabalho. A mídia divulgou o projeto, revelando sua potência para fora dos limites da arte, sendo noticiado, por exemplo, nos cadernos de cotidiano e informática.

Imanência propôs uma situação-limite entre internalização e introspecção do artista. Ao mesmo tempo, as novas mídias permitiam o movimento contrário, de exposição e expansão. Cohen entendia isso como extensões do corpo-mente através do suporte digital. É um trabalho fronteiriço entre artes plásticas, performance e tecnologia. Trazia implícito, ao mesmo tempo, referências a Joseph Beuys[7], comentava experiências cientificistas da Alemanha, de internação de pessoas para estudo de comportamento (como o Bioesphera, análise feita nos EUA sobre a viabilidade de se instalar uma colônia em Marte), George Orwell, entre outros.

Quando finalizados os oito dias de reclusão, seguiu-se mais uma semana de exposição, agora com os quartos vazios, inalterados depois da saída dos imanentes: tudo o que foi produzido e usado ficou instalado. Esse momento foi chamado de "Vestígios", e, segundo Fernando Azevedo[8], então coordenador da Casa das Rosas, teve público até maior que a semana anterior. Era possível ao público, nesse segundo momento do trabalho,

---

7 Mais especificamente (mas não apenas) à performance *I Like America and America Likes Me*, de 1974, quando Beuys foi para Nova York e, envolto em feltro, num espaço que ia desde o aeroporto até a galeria onde se instalaria, permaneceu isolado com um coiote, preso por alguns dias, até voltar novamente para a Alemanha, sem tocar em solo americano.

8 Na época, coordenador da Casa das Rosas. Concedeu entrevista no dia 19 de fevereiro de 2009.

Atores da Cia. Teatral Ueinzz visitam a exposição Imanência: Caixas do Ser. Still de Samira Br realizado durante sua permanência no projeto.

entrar em cada cômodo, em pequeno número de pessoas, sempre acompanhado da equipe da Casa das Rosas. A discussão volta-se para o artista, o corpo, seus atos, suas pegadas arqueológicas recentes. A performance deixa rastros, tornando-se registro ou produto material.

O trabalho promoveu outras relações de presença e de participação do público como "sujeitos da cena e não apenas consumidores dos fenômenos culturais"[9]. Sua comunicação com os imanentes pela internet e por bilhetes deixados na própria

9 Performance e Rede: Mediações na Era da Tecnocultura. Disponível em: <http://www.sescsp.org.br/sesc/hotsites/constelacao/textorede.htm>. Acesso em: 12. fev. 2012.

Casa das Rosas foi diferenciador. Em certo sentido, havia espaço para cada visitante pensar sobre si mesmo: "O que faríamos no lugar desses artistas? Aguentaríamos? O que fazemos em nosso tempo livre?" A interação dava margem ao público se colocar no lugar do artista e se fazer perguntas existenciais.

Uma série de discussões foi realizada por internet, pelo site do projeto (no qual o público visualizava as salas online. Hoje o site está fora do ar). O conjunto desse trabalho, que mistura discussões de diversas ordens (corpo, tecnologia, arte), entende-se melhor pela "noção de evento, de acontecimento, em contraposição aos espaços de repetição e reiteração de textos"[10]. É um bom exemplo das novas arenas da performance, tão apontadas por Cohen em seus escritos.

As novas redes tecnológicas reinstauram as situações de "tempo real", buscadas nos anos 60, favorecendo a proliferação e a captação de acontecimentos ao vivo, bem como o aporte dos meios sensíveis e de mediação à mão de inúmeros criadores e testemunhos e, não somente, as grandes redes de *broadcasting*.

Operado criação e performação – intimamente ligados nesse processo – o atuante lida com um permanente *acting out* buscando *morphos* para seus espaços sensíveis e intuitivos. Não há, nesse processo, a contínua intervenção de um pré-texto dramatúrgico, da mesma forma, a ação instantânea da cena, se não chega ao nível do jorro inconsciente – utopia dos surrealistas –, escapa por outro lado da mediações organizadoras do logos. Existe representação, no sentido kantiano, como recorte e fixação de sensações, visões de mundo, mas essa construção é permeada por todos os sentidos, pela corporiedade, pelos fluxos desejantes, pela constante relação com o mundo e com os outros performadores.

O salto performático, em relação ao teatro é o da instantaneidade, do fluxo, da libertação e liberação da palavra e da logos formadora. Semeia-se uma cena das pulsões, da primeiridade. Operações que são amplificadas pelos novos extensores, sensores e suportes de tecnologia e imagem[11].

Cohen afirma, a respeito de *Imanência*, em uma conversa de *chat*[12] no site do projeto: "A experiência é muito completa,

---

10 Teatro do Inconsciente, *Teatro Al Sul Revista LatinoAmericana*, n. 20, p. 27-31.
11 Idem, ibidem.
12 Documento cedido por Lucas Bambozzi, curador da exposição virtual do *Imanência*. O bate-papo foi realizado pela UOL e a Casa das Rosas, em função do

acho que temos procedimentos do século xix – a janela naturalista, do sec xx – a performance e do sec xxi – a rede colaborativa, a experiência compartilhada" (sic).

Esse trabalho traz algumas das características da arte contemporânea, deixando explícitos os procedimentos do conhecimento, por exemplo. Com as ferramentas da internet, a consciência das câmeras e suas localizações, o público possuía certo controle da situação. Era possível verificar o que se apresentava na internet e observar a própria "cena" sendo feita na hora. O público prestava atenção ao presente, ao aqui-agora, abria-se interlocução direta. O visitante montava sua visita ao espaço em duas modalidades de presença: corporal e eletrônica. A subjetividade dos performers ali presente, em sua qualidade de atualização, se referia diretamente e era tão importante quanto a subjetividade do público. A performance se referia à qualidade da experiência de todos: "As redes da Internet [...] dão voz e interatividade aos interatores que passam a ser sujeitos de uma cena multiplicada, polifônica, e não meros receptores distanciados. O mundo sensorializado estende nossa pele e nossa consciência a todos os espaços da rede, tecendo os nós da 'noosfera' e dos novos comunicantes"[13].

Conforme Anne Cauquelin, em *Arte Contemporânea: Uma Introdução*, outras formas do fazer contemporâneo também estão presentes em *Imanência*: a especificidade e situação do artista é levada em conta, assim como suas singularidades; assume-se o espaço da apresentação, e sua cultura; a rede de relações e a web são veículos de difusão e circulação, além de fazerem parte do "conteúdo" da obra. A cena corpo-texto-audiência, transposta na telepresença, espacializa a recepção e pode articular a memória em atualizações interculturais:

O suporte redimensiona a presença, o texto alcança-se a hipertexto, a audiência alcança a dimensão da globalidade. Instaura-se o *tópos* da cena expandida, das simultaneidades, dos paradoxos do incremento do uso dos suportes e da mediação nas intervenções com o real. Gera-se o real mediatizado, elevado ao paroxismo pelas

projeto *Imanência*, com a presença de Lucas Bambozzi, Eduardo de Jesus e Rogério da Costa, com o tema "Vigilância e Arte na Era da Bio-genética", 1999.

13 R. Cohen, Rito, Tecnologia e Novas Mediações na Cena Contemporânea, *Revista Sala Preta*, ano 3, n. 3, p. 122.

novas tecnologias, onde suportes telemáticos, redes de ambiente *Web* (internet), cd-rom e hologramias, simulam outras relações de presença, imagem, virtualidade. As diferenças entre culturas são disseminadas nessas recombinações[14].

Em um processo à época inovador e surpreendente, os mecanismos da internet trouxeram força à montagem do discurso feito com várias vozes. Críticas ao projeto *Imanência* circulavam com a mesma rapidez que respostas, que perdiam sua autoria no "copy n' paste" digital. Isso levava a uma negociação constante da descrição e justificativa do trabalho entre Cohen, Aguilar, jornalistas e internautas[15]. Como escreveu Lucas Bambozzi em um *chat*: "nessa experiência, 'Imanência', cada um dos organizadores fala sobre um aspecto, dentro do qual está envolvido e reflete suas convicções". Instala-se uma constelação de vozes. A visita do público também modificava o projeto: os imanentes podiam escutar seus comentários, e, segundo Leila D (imanente entrevistada em 30 de março 2010), era possível sentir o desejo de comunicação, de interferência.

Como ponto fundamental, a autoria dúbia do projeto *Imanência – Corpo Instalado* faz emergir dele não apenas um problema, mas uma força polivalente de discussões. Esse trabalho talvez seja especialmente significativo na discussão sobre formas de construção do sujeito urbano, e mesmo da pessoa, em termos mais gerais[16]. Interessa-nos por esse mesmo motivo. É o tema que foi ressaltado por Aguilar, em entrevista de 9 de março de 2009:

Chamei Renato para organizar a coisa toda. Renato tinha uma visão de pessoa, um conhecimento de pessoa que nunca vi. Ele entrava dentro [...]. O tipo de compreensão dele era absurdo. E ele era muito acostumando a trabalhar junto aos abismos, junto às fronteiras [...] e sem ele essa exposição ["Imanência"] não seria possível. Porque uma coisa é ter uma ideia, outra coisa é ter um maestro. Um

---

14 Idem, Cartografia da Cena Contemporânea: Matrizes Teóricas e Interculturalidade, *Revista Sala Preta*, ano 1, n. 1, p. 110.

15 Nas entrevistas houve vários comentários nesse sentido. Foi observado também, nas conversas de *chat*, a presença de artigos de jornal e textos dos organizadores.

16 Ver M. Mauss, Uma Categoria do Espírito Humano..., *Sociologia e Antropologia*, v. 1, e também As Técnicas Corporais, *Sociologia e Antropologia*, v. 2.

maestro que dialogasse com as pessoas e que inclusive descobria a poesia das pessoas, e o potencial delas.

[...] Ele bolou uma proposta de grandeza. Todo mapeamento com uma delicadeza. Renato Cohen conhecia bem os abismos da loucura [...], ele era um grande harmonizador, porque ele pôde ir muito fundo.

[...] Ele trazia consigo a compreensão do abismo. E a pessoa que tem a compreensão do abismo tem todas as complexidades traduzidas.

Lucio Agra, em entrevista de 11 de fevereiro de 2009, aponta ainda a sensibilidade ao *zeitgeist* contemporâneo: "*Imanência* foi uma confluência de oportunidades. Foi heroico fazer transmissão ao vivo naquela época. Ele [Renato] percebeu que isso tava vindo na mídia e que ia explodir. Cresceu pra pegar a onda anterior. Foi visionário".

Segundo Richard Miskolci, Judith Butler afirma que, "na performatividade, encontramos um processo de materialização que estabiliza com o tempo para produzir um efeito de fronteira, de permanência, de superfície, ou seja, de matéria"[17], assim, na performatividade, criamos corpos.

O espaço criado no *Imanência* pretendia deixar os artistas libertos para criar, sem interrupções e livres do "teatro da vida cotidiana"[18], não precisando se relacionar diretamente com ninguém. Ao mesmo tempo, "apresentavam-se" o tempo inteiro – seja para a câmera, seja para o público que visitava a Casa das Rosas. Em entrevista, alguns imanentes disseram que a proposta era "trazer o verdadeiro eu", ou a "essência da pessoa". Que pessoa era capturada pela câmera? Um "artista"? Qual qualidade do "ser" era apresentada ao público e à câmera? Fingiam alguém? Eram produzidas e deslocadas várias máscaras e hierarquias ao mesmo tempo.

Eles não estavam o tempo inteiro criando, produzindo, com tônus ou intenções específicas. A proposta era apenas estar ali, fazer aquilo que tivessem vontade de fazer. Um dos artistas declara, por exemplo, que aproveitou o momento para descansar,

---

17 R. Miskolci, Corpo, Identidade e Política, *XII Congresso Brasileiro de Sociologia, 2005, Belo Horizonte. Sociologia e Realidade: Pesquisa Social no Século XXI*, v. 1, p. 13.

18 Ver E. Goffman, *A Representação do Eu na Vida Cotidiana*.

e dormiu bastante. Leila D, em entrevistada de 30 de março de 2010, diz que colocou um espelho na porta: a primeira coisa que o público via era a si mesmo. Ela fala em várias sensações: como a de estar em um zoológico (ser o animal enjaulado), em uma vitrine de shopping center, em um museu, como objeto vivo de arte. Naira Ciotti, em entrevista concedida em 18 de janeiro de 2008, comenta que chegou a discutir essa qualidade da presença dos performers com Cohen: "Não há como ter personagem por oito dias seguidos, qualquer personagem cai. Não aguenta ficar. Então o que acontece quando você já está lá há tanto tempo em cena, que não consegue sustentar um personagem, por mais técnica que você tenha? Nessas condições, em imanência, emerge a pessoa, porque não tem quarta parede, mesmo que tenha a câmera, não tem quarta parede".

Não havia como representar o tempo inteiro para o público, para a câmera ou para si mesmo. Nesse sentido, Cohen esperava ver o afloramento de uma esfera de cada pessoa. Cada artista trazia um "conteúdo", produzido e exposto ao vivo. O "fazer" observado era também o fazer de sujeitos e suas idiossincrasias, seus trejeitos, diferenças. A partir do trabalho criativo de cada artista instalado, seria possível observar a emergência da mitologia pessoal de cada um. Para Cohen, a arte está no processo e surge por entre seus meandros. Trajetória e experiência são fundamentais nesse campo mitológico:

A operação textual – ou "dramatúrgica" – que opera esses processos é da inclusão das polifonias, da construção de textos móveis, da incorporação do texto em toda sua semiose – abarcando registros sonoros, gestuais, orais, não visíveis, literários, sinestésicos: registros de percursos, textos de inspiração, marcações, partituras, desenhos de cinestesias corporais são alguns textos que compõe os mapas de partida. O próprio ato da performance – realizado em tom muitas vezes "medíunico", inspirado, é que vai consubstanciar o momento da construção do texto, às vezes de realização única. O performer – em atuação – dialoga com seus pré-textos, com seu inconsciente que se apresenta, com memórias, com a conjunção das forças e pessoas presentes, cada uma corporificando um texto no momento da performance[19].

---

19 R. Cohen, Teatro do Inconsciente, *Teatro Al Sul Revista LatinoAmericana*, n. 20.

Assim, Cohen esclarece o interesse na permanência e no foco integral em uma pesquisa como *Imanência*. Na experiência da Casa das Rosas, em pleno andamento da instalação, havia condições materiais e disponibilidade para que a persona performática pudesse surgir. Em entrevista já citada, Leila D fala sobre sua experiência:

> Em nenhum momento você tem contato com as pessoas que você é. Tem vários reflexos externos que estão te estimulando, te jogam pra lá te jogam pra cá, nesse diário, e nesse momento [do *Imanência*] [...], você tem essa possibilidade de encontro com esse desdobramento que você é, de você ser a multiplicidade, [...] E lá, através das práticas, por exemplo, que eu estava fazendo, de escrita, de buscar esses vários eus, esses vários jeitos de construir essas personas e tendo contato com elas.

Os registros de Samira Brandão são fundamentais para pensarmos a construção da persona em *Imanência*. As primeiras imagens são aquelas específicas do aquecimento do ator, de preparação e "feitura" do corpo, que animam e azeitam não só as articulações e músculos, mas também o campo emocional e o corpo sutil. Diversas formas aparecem – são imagens. Em seguida, vê-se a criação de seres ou figuras – personas –, que são figuras dela mesma, com fantasias, desejos, vontades, utilizando-se de objetos que ela trouxe para a instalação. Aparecem novamente paisagens, cuja intensidade e tensão apenas se imagina – o registro em vídeo não permite uma leitura profunda. A performer criava máscaras, mas logo se desmascarava, seja porque passava para outra máscara, para uma dança ou outro exercício (e nessa transferência, parte de seu "rosto" é revelado nos vídeos), seja pelo fato de que ela mesma se filmava, tendo que apertar o *play* e *pause* da câmera, revelando a si mesma nesse momento[20].

Cada um dos artistas, de forma diferente, esteve ali de corpo inteiro na proposta: vivendo um período diferenciado da vida normal, com uma travessia carregada de significados

---

20 Nas primeiras fitas, principalmente, ela aparece por muito tempo trabalhando de costas para a câmera. Não está claro se isso indica uma vontade inconsciente de negá-la, mas confirma que a presença da câmera transforma a ação da pessoa. A câmera, de forma geral, indica uma direção (frente) para o atuante.

que eles mesmos criaram, e dividiram com o público da forma como puderam. A instalação funcionou também como uma experiência de resistência física e emocional, estruturalmente parecida com um ritual de passagem, que inclui o isolamento do neófito, regras específicas em comparação ao resto da sociedade, e, posteriormente, o retorno à normalidade, porém transformada[21]. Leila D se refere a *Imanência* como uma experiência de transformação do corpo, inclusive com aumento da sensibilidade. Ao ficar sem falar por muito tempo, por exemplo, os músculos mudam, atrofiam. O contexto enfoca a concentração no estado presente, a vivência do agora – daí também o nome do projeto. A presença era a grande questão para os imanentes da Casa das Rosas em 1999.

O músico Alberto Marsicano, que também participou dessa performance, entrou completamente na experiência (segundo Azevedo e Aguilar). Ele imantava o público que vinha assisti-lo tocar cítara depois do almoço. Já havia estado recluso e sem se comunicar verbalmente em outra situação e aproveitou a experiência anterior, aprofundando a qualidade de sua presença na instalação. Segundo ele mesmo, utilizou o espaço de *Imanência* para sua pesquisa, meditando, lendo (havia levado as obras completas de Baudelaire) e estudando peças clássicas de uma pesquisa em andamento na época: manteve-se concentrado e "imperturbável", como afirmou, como quem medita em um *ashram* na Índia.

A instalação *Imanência* (quase não arte, quase cena) e o "imanente" (artista) nos oferecem uma percepção da persona na cena coheniana. Segundo Aguilar, a ideia inicial era colocar as pessoas como obra de arte em si: "o sentido estava dentro. Emana", foram suas palavras na entrevista. A proposta de uma "pessoa interagindo com ela mesma, durante dez dias" (ainda nas palavras de Aguilar), significava colocar em andamento o agenciamento dos afetos, o levantamento da história pessoal, da mitologia pessoal, enfim, permitindo fazer com que o artista virasse potência. Essa presença especial, em contato consigo mesma, era um exercício para cada um sintonizar sua rádio pessoal, "a música do seu eu", como disse Fernando Azevedo.

---

21 Sobre isso ver V. Turner, Introduction, *From Ritual to Theater: The Human Seriousness of Play*.

A persona aqui é entendida como sua aproximação à própria pessoa, como apresentação de seu eu.

É interessante observar também que o uso dessas novas mídias pode tanto gerar e apoiar uma diversidade de formas de ser e estar no mundo, ampliando a noção de pessoa, como pode ser suporte de identificação de padrões, num modelo a ser seguido, como são os big brothers da televisão (que se utilizam da mesma tecnologia), focados no caráter midiático, criando quase que caricaturas de "personagens". Nas palavras de Lucio Agra (em entrevista já referida), os big brothers são "fábricas de personalidades" e ainda funcionam como fetichização da tecnologia.

Para instalar-se em *Imanência*, foram necessárias sutileza e radicalidade do performer, para estar presente com sua própria pessoa em cena. A responsabilidade do performer de certa forma aumenta: ele se assume como pessoa, expõe-se como persona. Seus atos são inteiramente seus, sem mediações. Também se espera muita sutileza por parte do espectador, para encontrar o performer. Segundo Renato Cohen, em conversa no *chat*: "O radical foi colocar o limite sensível, humano […]. A consciência de rede também funcionou […]. A radicalidade está na intensidade dos imanentes, na disponibilidade de misturar vida e ficção, no desejo de se pensar em imanência".

GOTHAM SP: AS PESSOAS DA CIDADE INVISÍVEL

Gotham SP é um trabalho da Cia. Teatral Ueinzz na esfera do teatro, com cuidadosa elaboração de seus elementos formais. É também uma obra de forte caráter colaborativo, em que a noção de autoria se faz borrada. Porém, nessa peça, as propostas cênicas de Cohen foram experimentadas de forma categórica, sendo nítida a sua presença e linguagem como encenador. Em *Gotham* SP, temos diversos exemplos de procedimentos e formas que Cohen usou em performances. A Cia. Teatral Ueinzz foi o grupo do qual participou mais longamente.

A Cia. Ueinzz é uma proposta de experiência-limite com não atores, que passaram por ou vivem experiências de loucura. A experiência com a loucura e o trabalho com não atores já foi permeado por diversos criadores. No prisma de Renato Cohen,

58 PERSONA PERFORMÁTICA

a referência mais importante sobre esse tipo de trabalho é Robert Wilson[22]. Mas há outras, como Pippo Delbono e o alemão Christoph Shlingensief. Essa preocupação levou também cineastas a procuras semelhantes, em busca de qualidades cênicas, do trabalho com não atores, de presenças diferentes daquelas da representação de atores profissionais, influindo diretamente na linguagem do filme (por exemplo, Glauber Rocha ou Pier Paolo Pasolini).

A origem e batismo da Cia. Ueinzz possuem uma carga mitológica, ou, poderíamos dizer, uma mitologia pessoal própria, graças principalmente a textos de Peter Pál Pelbart e Renato Cohen. A primeira mitologia é a da sua origem. A companhia iniciou-se dentro de um hospital-dia[23] (HD). Um grupo resolveu desenvolver teatro, mas, como disse alguém que posteriormente tornou-se um grande ator, deveria ser "teatro de verdade". Era o nascimento de uma atividade não voltada a um tratamento. Decidiram fazer contato com um diretor profissional, e fez-se assim o convite a Cohen para dirigir o grupo. Cohen, por sua vez, convidou Sergio Penna para participar, e o grupo nasceu, desde o início, com dois diretores.

A origem do nome evoca outra mitologia, que foi repetida em alguns artigos de jornais de várias formas[24]. Sobre os primeiros ensaios, Pelbart faz essa exposição:

Num dos ensaios subsequentes, os diretores coordenam um exercício teatral sobre os diferentes modos de comunicação entre os seres vivos: palavras, gestos, postura corporal, som, música, tudo serve para comunicar-se. Um exercício clássico sobre as várias linguagens de que se dispõe: cada animal tem sua língua, cada povo tem a sua, às vezes cada homem tem seu próprio idioma, e não obstante nos entendemos, às vezes. Pergunta-se a cada pessoa do grupo que outras línguas fala, e o paciente do gemido, que nunca fala nada, responde imediatamente e com grande clareza e segurança, de todo incomum nele: "alemão". Surpresa geral, ninguém sabia que ele falava alemão. Foi preciso o ouvido de dois estrangeiros para escutarmos que aquele que acompanhávamos há muito tempo

---

22 Ver L. R. Galizia, *Processos Criativos de Robert Wilson: Trabalhos de Arte Total para o Teatro Americano Contemporâneo.*

23 Um hospital-dia é uma instituição psiquiátrica "reintegrativa", que trabalha o retorno do paciente ao convívio social. O paciente recebe tratamento intensivo, porém não é internado: ele frequenta o hospital durante o horário comercial.

24 Ver lista de artigos nas Referências Bibliográficas.

PERSONA-PESSOA, PERSONA-PERSONAGEM

falava "alemão". "E que palavra você sabe em alemão?"; "Ueinzz…";
"E o que significa Ueinzz em alemão?"; "Ueinzz". Todos riem – eis a
língua que significa a si mesma, que se enrola sobre si, língua eso-
térica, misteriosa, glossolálica[25].

O ator que fala alemão ganha o papel do oráculo que, "ao
lhe perguntarem onde fica a torre babelina, ele deve responder:
'Ueinzz' […] O modo como esse grupo nasceu é muito significativo. É o símbolo de como aquilo que não se entende – o não
sentido – pode servir de terreno para um projeto de expansão
de vida, individual e coletivo"[26].

Com o tempo, o grupo se desligou do HD (em 2002), e
tomou caminhos próprios, independentes. É necessário en-
fatizar que *Gotham SP* é uma peça feita a várias mãos, fruto
de uma constelação de desejos, confluências e situações. Não
abordarei a contribuição que o diretor Sergio Penna ofereceu
na concretude do trabalho: isso é assunto para outro pesquisador. Foco nas marcas e trajeto de Renato Cohen na Cia. Teatral Ueinzz. Hoje, ela é formada por usuários e ex-usuários de
diferentes serviços de saúde mental e também por outros não
atores, profissionais da área "psi", artistas, pesquisadores (todos
igualmente performers), músicos, iluminadores etc.[27]. Por meio
de parcerias com instituições, como a PUC-SP, os antigos KVA e
Estudio Move, e atualmente o Espaço Barco, da Galeria Virgi-
lio de Carvalho, o grupo mantém seu ensaio semanal há anos.

O tema da loucura aparece de forma às vezes sutil nas peças
da Ueinzz, outras vezes é assunto explícito. Em *Gotham SP*, está
em discussão a vida na cidade. Montar um grupo como esse
é realmente um trabalho interessante, na medida em que traz
a loucura para perto de nós na forma da conversação (teatro
como diálogo). Ao mesmo tempo, o trabalho da Ueinzz propõe

25 Ueinzz – Viagem a Babel, *A Vertigem por um Fio*, p. 99.
26 P. P. Pelbart, Mais que Teatro, *Revista E*, n.108, p. 100.
27 Além da coordenação de Pelbart, há uma coordenação de atores: Ana Carmem
del Colado, Eduardo Lettiere, Erika Inforsato e Paula Francisquetti, que também estão em cena. Além deles, o elenco em 2002 se compunha por Adélia
Faustino, Alexandre Fantomas, Ana Gold, Eduardo Halim, Eduardo Torres,
Fabiana Serroni, Fabio Junior, Fabrício, Geraldo Carlos, Isa Cremione, José
Carlos, Leila D, Léo de Lui, Lourdes Belato, Luis Guilherme R. Cunha, Marqui-
nho, Valéria Manzalli, Yara Lêda Paledsky e Yoshiko Minie. Músicos: Wilson
Sukorski, Emerson Boy e Marcos Pena. Peri Pane era cantor convidado.

um olhar diferente sobre o mundo. Há uma forma pouco usual de relacionar-se com a cena, um outro modo de estar em cena, um outro modo de relacionar-se com o teatro, e mesmo de relacionar-se com a vida: há diversos desdobramentos.

Nosso foco, porém, é o caráter experimental desse trabalho, entendido aqui como processo criativo e pesquisa de linguagem própria, que fogem dos parâmetros do teatro tradicional ou convencional. Aqui, teatro e performance estão em permanente diálogo e mútua alimentação. De forma específica, temos a questão da persona. Assim, a experiência da loucura não será ignorada, mas tomada como perspectiva de observação da vida, como "olhar deslocado"[28], e entendida como potencializadora do exercício de estranhamento produzido na performance estética[29].

Há nisso que chamam de loucura uma carga de sofrimento e de dor, sem dúvida, mas também um embate vital e visceral, em que entram em jogo as questões mais primevas da vida e da morte, da razão e da desrazão, do corpo e das paixões, da identidade e da diferença, da voz e do silêncio, do poder e da existência. Ora, a arte sempre veio beber nessa fonte desarrazoada, desde os gregos, e sobretudo a arte contemporânea, que está às voltas com o desafio de representar o irrepresentável, de fazer ouvir o inaudível, de dar a ver o invisível, de dizer o indizível e o invivível, de enfrentar-se ao intolerável, de dar expressão ao informe ou ao caótico[30].

---

28 Sobre isso ver R. Barthes, "Diderot, Brecht, Eisenstein", *Óbvio e Obtuso: Ensaios Críticos*.

29 Já foram feitas críticas ao fato de o trabalho ser realizado com pessoas com experiências psi. Principalmente porque isso é explorado pela grande mídia, como demanda de mercado ao "mistério da psiquiatria" (como comenta Ana Carmem Del Collado, em entrevista do dia 23 de janeiro de 2008). No entanto, esse não é o foco do grupo. Estas críticas podem ser entendidas como uma tentativa de controle, fazendo-se acreditar que o grupo não teria capacidade de, por exemplo, fazer arte de qualidade. Para essa discussão seria necessário remontar discussões anteriores às primeiras exposições de Bispo do Rosário e isso não cabe aqui. Segundo Foucault, em *História da Loucura*, os "loucos" são historicamente desprovidos da autoridade que confere "legalidade" à sua produção. Esse processo é parte da construção da luta por uma transformação. Trata-se de um grupo que trabalha em torno de uma experiência de coletivo. Isso que parece um discurso é também uma luta.

30 P. P. Pelbart, Ueinzz – Viagem a Babel, *A Vertigem por um Fio*, p. 104.

A primeira peça do grupo foi feita em 1997. *Ueinzz – Viagem a Babel* foi apresentada nos teatros Tucarena e Oficina. A montagem já era feita com base na tessitura criada a partir de exercícios e improvisações dos ensaios, textos do grupo e textos de origens diversas, tais como Khlébnikov, Leminski, Hesíodo e Antonin Artaud. De forma geral, a peça tratava de uma trupe nômade "saída das Trevas do primevo Caos do Universo" que, atravessando o deserto em busca da Torre de Babel, consulta um oráculo, capaz de dar sentido à deriva.

A partir dessa primeira peça, trabalharam com processo de criação aberto e desenvolvendo percurso próprio, seguindo o conteúdo que era construído com o tempo. A princípio pensaram em trabalhar com o mito de Ulisses,

mas começamos a observar o processo e surgiu a Babel, as várias linguagens e formas de expressão que cada um já carregava. Foi assim que mudamos o rumo do trabalho. Percebemos que a linguagem extravasa o mito, a estrutura dos arquétipos. A estrutura é fragmentada, de um teatro contemporâneo. [...] Ao mesmo tempo, não queremos controle do que vai acontecer. É um trabalho singular. Todo o espetáculo se forma e se desforma no discurso e na expressão dos atores[31].

Soube-se, desde o início, potencializar artisticamente a subjetividade singular dos atores – que é "a matéria-prima desse trabalho teatral", nas palavras de Pelbart –, transformando e ligando cada "texto" em textos mitológicos, artísticos, universais, transformando conteúdos em qualidade artística:

É o que se vê na construção das personagens, que se tem ressonância com traços próprios às pessoas que os encarnam (com efeito, cada personagem foi construída a partir dos atores, e com que justeza e cuidado os diretores foram alfaiates da alma, cerzindo personagens sob medida! – a ponto de ser praticamente impossível "passar" um papel de um para um outro, já que os papéis não são universais vazios intercambiáveis), ao mesmo tempo, em vez de intensificar psicologicamente os traços de cada um, nos seus draminhas íntimos, iluminando a suposta verdade psíquica interior do sujeito, o que rapidamente descambaria para um psicodrama de qualidade

---

31 R. Cohen, entrevista para a Folha Ilustrada, *Folha de S. Paulo*, 26 jun. 1997.

duvidosa, em vez disso o teatro faz esses traços conectarem-se com personagens da história, do mito ou da literatura [...], com elementos cósmicos ou outros[32].

A segunda peça do grupo, *Dédalus*, transcorreu entre 1998 e 2000, com apresentações no Centro Cultural São Paulo, Tuca Arena, Tusp e Oficina, em São Paulo, além de se apresentar no Museu da Cidade de Campinas, no Sesc – São Carlos, em Brasília, e no 9º Festival de Teatro de Curitiba. Nesse momento, a trupe já ganhara maior repercussão, movimentando crítica[33] e público. Já "mais sofisticada em termos de narrativa [...], de individualização de personagens, de complexidade cênica, de variação de tom e de gênero (entre o trágico e o cômico), essa peça fez confluir a dança, o canto, a poesia, a improvisação, o repertório individual e mítico, pessoal e universal. Os atores ganharam em presença, em densidade, desenvoltura, em mobilidade cênica, em sintonia coletiva, em coordenação grupal"[34]. Nessa segunda peça, a Cia. trabalhou com um patrocinador, "garantindo o contorno profissional da trupe"[35]. A produção, portanto, também ficou mais complexa, com a utilização de projeção multimídia, música ao vivo e dança, articulando textos de grandes artistas, adaptações e textos do grupo, como fazem sempre. A peça tratava do mito de Dédalo, que constrói o labirinto do Minotauro, e de Orfeu, que vai até o inferno buscar

---

32 P. P. Pelbart, Ueinzz – Viagem a Babel. *A Vertigem por um Fio.*

33 "O uso de 'ponto' para soprar as falas ou de simples leituras de texto se incorporam ao espetáculo como recurso de distanciamento. O mesmo ocorre com as vozes ininteligíveis, as atuações vacilantes, os 'erros', interrupções e recuos, tudo pontuado por uma música dissonante e ao vivo. Não importa que seja impossível entender a voz rouca narrando ao microfone a morte do Minotauro. Com os fragmentos que se consegue captar, montamos um entendimento onomatopaico e caleidoscópico do que seja loucura e libertação". J. Gehlen, Limites – Peça "Dedalus": Múltiplas Leituras do Mito, *A Notícia*, Joinville. "Mas há algo mais: esses atores estão contentes. Fizeram alguma coisa para o público e a oferta foi aceita. Por meio do teatro, lançaram uma ponte sobre a solidão – esta ferida do ser – e permitem que vislumbremos outras possibilidades para atenuar essa dor que conhecemos tão bem." (M. de Lima, Dedalus Constrói Ponte Sobre a Solidão, *O Estado de S. Paulo*; ou ainda: "É estranhamente verdadeira – e emocionante – a 'ordem' que os diretores Sergio Penna e Renato Cohen deram à encenação de atores que vagam, cantam, narram, dançam". N. de Sá, Atores-Pacientes "Presentam", *Folha de S. Paulo*.

34 P. P. Pelbart (org.), *Ueinzz: Projeto Fomento.*

35 Idem.

Eurídice, sua amada. Trabalhando com imagens em tempo real, ceticismo, clichê e metadiscurso, nunca houve necessidade de coerência e de um "texto" ortodoxo: em "Dédalus" havia também viagens intergalácticas e elementos da Jovem Guarda. Tenho somente memórias de sensações e imagens dessa peça, que não consigo descrever. Esse aspecto é importante – o clima onírico da peça não favorece a formalização verbal das lembranças.

Gotham sp iniciou-se em 2001. Tinha caráter de processo, work in process, transformando-se, pulsando diferentes ritmos durante os aproximadamente seis anos em que foi trabalhada, funcionando como exercício formal e teatral de todos os participantes. Leila D, que participou dos primeiros anos da peça, em entrevita concedida em 30 de março de 2010 dá o seguinte depoimento: "se via um resultado de uma pesquisa, [...] de toda essa investigação, desses anos todos".

Com suporte de alguns patrocinadores, a trupe se manteve, e pôde viajar para várias cidades. Viajou também a convite de festivais[36]. Em alguns lugares, o grupo convidava algum artista da cena local para participar da cidade de *Gotham* sp, como exercício de trocas e improvisação. Houve, ao longo dos anos, a entrada e saída de atores do grupo, o que faz parte da obra aberta da Cia. Em 2003, algumas semanas depois de a trupe voltar do Festival Porto Alegre em Cena, morria Renato Cohen. A peça ainda foi apresentada até 2006, e o processo prolongou-se até 2007 aproximadamente.

Em 2005, o grupo foi convidado a fazer uma espécie de intercâmbio no Théâtre du Radeau (La Fonderie, em Le Mans, França). Foi a primeira viagem internacional. O grupo participou também da xii Documenta de Kassel (2007), com o projeto iniciado junto à artista Alejandra Riera, chamado *Enquete Sobre Nosso Entorno*, em fevereiro de 2005. A parceria com Alejandra Riera é densa e continua em curso.

A Cia. teve também experiências no cinema. As franco-brasileiras Carmem Opipari e Sylvie Timbert estrearam, em 2003, um documentário sobre a vida da companhia, chamado *Eu Sou Coringa, o Enigma*[37], após acompanhar a Cia. por alguns

---

36 Entre eles Belo Horizonte, Rio de Janeiro (Teatro do Hipódromo), Fortaleza (Simpósio Internacional Nietzsche-Deleuze, Dragão do Mar) e o Festival de Cariri.

37 Disponível na videoteca da puc-sp.

meses. Alguns atores participaram do filme *Bicho de Sete Cabeças*, de Laís Bodansky[38], que estreou em 2000. Em 2007, além da Documenta de Kassel, participaram também do documentário *Sobreviventes*, de Mirian Chnaiderman[39]. Ainda em 2007, estiveram presentes no espetáculo *Trem Fantasma*, montado no Sesc-Belenzinho pelo diretor Schiliegensief.

Hoje em dia o grupo está em seu quarto processo teatral, *Finnegans Ueinzz*, baseado na obra de James Joyce[40]. Esse novo processo é realizado com o diretor Cássio Santiago e Elisa Band como *dramaturg*. O processo começou no início de 2007 e estreou no final de 2008. Já foi apresentado na galeria Virgílio de Carvalho, além do Sesc, onde promoveu um evento chamado "Ocupação Ueinzz", e foi até a Finlândia, a convite do Festival de Teatro Báltico[41]. Viajamos para lá em novembro de 2009. O grupo transformou-se muito. Há, no entanto, uma continuidade na pesquisa e na experimentação, no sentido de aprofundamento do saber coletivo e cênico.

Aproximei-me do grupo no final de 2001 (*Gotham SP* já havia estreado). Cohen me convidou para participar da Cia. e formalizamos, em 2002, uma Iniciação Científica em torno da Ueinzz, o que se configurou como uma espécie de permuta, já que a Cia. começou a ensaiar nos espaços de trabalho do curso de graduação em Comunicação e Artes do Corpo (PUC-SP). No rastro do livro *Performance como Linguagem*, passei a pesquisar os processos performáticos da Cia. Ueinzz.

Desde então, trabalhei na esfera dos assuntos performáticos da Ueinzz, apresentando sua afinidade com a performance: o grupo suscita questões contemporâneas dessa expressão[42].

---

38 Sérgio Penna fez a preparação de atores do filme e, na época, ainda participava como diretor da Cia. Teatral Ueinzz.

39 Chnaiderman é psicanalista e cineasta. Ela conheceu o grupo através de Cohen, e chegou a participar de *Imanência – Caixas do Ser*, como coordenadora dos psicólogos de apoio. O documentário trata de pessoas que sobreviveram a situações-limite, e toma a Ueinzz como contraponto às entrevistas.

40 Disponível em: <http://ueinzz.sites.uol.com.br>. Acesso em: 30 jan. 2012.

41 Disponível em: <http://www.q-teatteri.fi/baltic_circle/eng/index.html>. Acesso em: 30 jan. 2012.

42 O estudo das afinidades do grupo com a Performance Arte foi publicado em: A. G. Carvalhaes, Os Processos Performáticos da Cia. Teatral Ueinzz, *Tempo e Performance*. Pude, mais uma vez, em 2009, confirmar as qualidades performáticas do grupo, a partir do processo e da reação que se seguiu às propostas do novo diretor do grupo. As qualidades performáticas parecem realçadas no

Na performance, a experiência tem relação direta com fazer da arte, vida. Há muitas formas de se entender esse momento performático; pela experiência que vivi na Ueinzz, faz-se desse momento um tempo poético. Como uma poesia despretensiosa.

Richard Schechner, em *Between Theater & Antropology*[43], fala da "intensidade da performance" (tempo diferenciado no qual se vive uma experiência): o performer cria com o público um ritmo, que segue até o fim em sintonia sutil. Ele chama de *flow* a energia coletiva no teatro, que toma conta de atores e público em um estado coletivo, no modo subjuntivo da vida[44]. Assim, estéticas diferentes são formas diferentes de se chegar a tais estados coletivos, e proporcionam formas determinadas de suscitar ou produzir essa intensidade. Para Schechner, a experiência possui forma; nesses termos, a forma da experiência cênica em *Gotham SP* pode ser descrita em correspondência com *As Cidades Invisíveis*, de Ítalo Calvino.

Gotham-SP [...] traça um delicado painel de situações líricas e trágicas das grandes metrópoles contemporâneas.

A partir de referências reais e cotidianas, incursiona pelos territórios das cidades, sejam elas reais ou imaginadas, suspensas ou subterrâneas, apresentando uma outra Gotham City e um outro Batman, revelando suas criaturas e histórias, com afetividade, *nonsense* e humor[45].

---

contato com o diferente (o diretor, as propostas) e são confirmadas também por um evidente espanto de um novo ator, que tinha experiência profissional em teatro, mas não conhecia os procedimentos e experiências do grupo: ficou cansado e incomodado com a "falta de ensaio" e detalhamento, com a improvisação constante que, para ele, parecia não chegar a lugar nenhum, sendo causa de ansiedade (ele esperava um produto final, um espetáculo acabado). O fato de os ensaios tomarem direções e formas próprias e a quase impossibilidade de se repetir cenas confirmam o procedimento work in process próprio da Cia. Teatral Ueinzz, do fazer e criar de seus atores. Apesar da transformação clara do grupo e do trabalho desde 2007, há uma linguagem e procedimentos da própria Cia. (talvez possamos falar em uma poética própria).

43 Junto com Victor Turner, teórico da antropologia da performance. Richard Schechner é especialmente interessante por sua origem na área de teatro e por ser uma das vozes importantes na discussão de performance em seu sentido mais ampliado.

44 A importância aqui é pensar "como se faz" (a forma) para chegar no modo "como se fosse" (subjuntivo).

45 Do release de *Gotham SP*. Disponível em: <http://ueinzz.sites.uol.com.br>.

Na paisagem dessa cidade, há o Grande Imperador Khan, que recebe visitas, pedidos e faz seus despachos, Batman e Coringa, a cantora mendiga que discute com o prefeito, entre outros. Possivelmente, da janela do apartamento da mulher solitária se poderia observar a grande casa de shows onde Roberto Carlos se apresenta. Em um trabalho típico de *collage*[46], a companhia reúne em *Gotham* SP, além de Ítalo Calvino, textos de Kafka, Ana Cristina César, Paulo Leminsky, Chacal, Calderón de La Barca, personagens de história em quadrinhos – "textos esses que ganham deriva e disjunção na medida em que são rearticulados pelos atores"[47] – e textos dos próprios performers (o que resulta em maior volume na peça). Esse conjunto é tecido com "intuições que dialogam com o entorno contemporâneo ao longo da criação do espetáculo, que se configura como um work in progress"[48]. Conforme Érika Inforsato, em entrevista concedida em 7 de fevereiro de 2008, o desenvolvimento do espetáculo depende muito de quem faz parte do grupo na época (o elenco muda ao longo dos anos) e de que pessoas se encontram na cena específica etc.

O trabalho contou ainda com imagens em vídeo de cenas externas produzidas pelo diretor Cohen no Elevado Costa e Silva, da cidade de São Paulo, animação em três dimensões e imagens em tempo real. A associação das imagens em animação com as que foram captadas em tempo real ampliava os efeitos imagéticos sobre os espectadores. Esse trabalho foi recriado em várias temporadas de *Gotham* SP, e performado nos primeiros anos pelo artista Rogério Borovik, que também participou de *Imanência – Caixas do Ser*). Pode-se dizer que *Gotham* é uma peça multimídia, na qual a tecnologia amplia sentidos. Isso se dá tanto com os instrumentos tecnológicos do músico Wilson Sukorsky, como com o vídeo. Havia ainda

---

46 Sobre a collage, trata-se de deslocar um objeto (um objeto-texto-signo) de seu contexto original e inseri-lo em um contexto distinto, de modo a travar relações com novos conteúdos. Cria-se algo novo com o resultado da aproximação de partes inesperadas. As referências importantes sobre o processo de collage para nós são as vanguardas históricas (dadaístas, futuristas, cubistas franceses e surrealistas). Ver F. Bradley, *Surrealismo*.

47 R. Cohen, Rito, Tecnologia e Novas Mediações na Cena Contemporânea, *Revista Sala Preta*, ano 3, n. 3, p. 119.

48 Idem, p. 120.

diálogos com o cinema na cena do Táxi de Gotham. A mídia permite trabalhar elementos de forma instantânea, em atualizações que acompanham os movimentos e transformações dos performers. "Aos diretores-dramaturgos cabe a tarefa hermenêutica de trabalhar toda a intertextualidade, dando conjunto cênico aos textos cifrados, dobrados, que vão se apresentando sugerindo textos da cultura que dialoguem com os pequenos mitos enunciados, formando um caldeirão textual que acolha as diferentes camadas dessa 'cultura das bordas', que aqui vai se formando"[49].

Além disso, como já nos referimos aqui, as cenas também são montadas e articuladas pela estrutura da collage[50], por recolhimento e reutilização de ações e cenas já construídas pelo elenco em outros momentos, ou de acontecimentos em geral. É um procedimento de muita fluidez, no qual muito material é perdido, ao mesmo tempo que novas direções são apontadas.

Aplicada à arte teatral, além de modificar a estrutura cênica, a colagem pode produzir efeito de distanciamento no espectador, e abre um leque de leituras e interpretações para acontecimentos da cena[51]. Esse distanciamento é muito claro nas peças da Cia. Ueinzz. Ele é construído não somente pela collage, mas também por um teatro que foge, muitas vezes, da imitação da realidade, foge das formas de representação que o teatro realista naturalista tradicional pretende fazer.

Esse distanciamento faz parte da cena de *Gotham*, porém de modo distinto do proposto pelo teatro de Brecht. A cena configura realidade própria: cria-se um espaço-tempo cênico (tópos cênico) que não representa um espaço da realidade comum, ou "imitação da realidade", mas refere-se à própria cena em muitos momentos.

Há em *Gotham* vários momentos mais próximos do que entendemos por mimese teatral, como, por exemplo, a cena do apartamento: a mulher solitária em seu quarto. Mesmo assim, percebemos qualidades da presença dos performers que

---

49 Idem, ibidem.
50 "A utilização da *collage* na performance resgata, […] no ato de criação, através do processo de livre associação, a sua intenção mais primitiva, mais fluida, advinda dos conflitos inconscientes e não da instância consciente crivada de barreiras do superego." R. Cohen, *Performance como Linguagem*, p. 62.
51 Idem, p. 63.

não permitem que a representação seja a chave da recepção da cena: o quarto da mulher solitária não é um quarto real, convencional. Como a máscara do teatro nô japonês, ela esconde a expressão de quem a usa, trazendo outra identidade, mas, ao mesmo tempo, é confeccionada para ser menor que uma face, revelando o queixo do ator e, assim, é mantida a lembrança de que atrás daquela máscara há outro alguém[52]. A Cia. Ueinzz se utiliza mas não se limita às convenções teatrais, joga com elas, de tal forma que se evidencia a distância entre o teatro convencional e a cena de vanguarda. Não há pretensões de fazer um quarto próximo da realidade do que seria de fato um quarto; a cena se refere a outro quarto que está além, em modo subjuntivo, como em uma construção de um quarto inexistente, existente somente ali no tópos daquela cena.

Essas características formais são encontradas em outros teatros, e reconhecíveis em vários exemplos da arte atual como indica, entre outros autores, Sally O'Reilley, em *The Body in Contemporary Art*. Estão ligadas diretamente ao fazer performático e à cena contemporânea de Cohen. *Gotham SP* é um fazer-pensar que encaixa-se dentro do discurso atual sobre o teatro contemporâneo[53]. No entanto, a Cia. Ueinzz não segue nenhuma linha específica, e sim proposta e trajetória próprias.

Há outras características performáticas nesse trabalho que nos interessam para conceituar a persona. Na perfomance, tanto o texto como a iluminação ou o cenário, os objetos e até mesmo os performers possuem "peso" igual na cena. São elementos constituintes da cena, sem hierarquia: o que importa é a relação entre eles e sua composição. Na cena de *Gotham SP*, essa composição é a chave na criação da *gestalt* e da construção do *environment*[54]. Esse tratamento horizontal dos elementos é comum a outras linguagens, com ênfase naquelas

---

52 Sobre especificidades do teatro nô ver D. Y. Kusano, *O Que é Teatro Nô*.

53 Ver J. Guinsburg; S. Fernandes (org.), *O Pós-Dramático*; e S. Fernandes, *Teatralidades Contemporâneas*.

54 Essa ideia de composição em *gestalt* e environment pode ser identificada na performance *Transmigração*, do Mídia Ka (2003). Talvez por isso o grupo tenha escrito em seu release que esse é "sem dúvida, o trabalho mais autêntico de *live-art* do Mídia-Ka".

Cena de Gotham sp. *Foto de João Caldas, dezembro de 2005*

mais híbridas[55]. A autonomia dos elementos e das cenas alcançadas em *Gotham* sp permite inclusive a montagem e collage, e possibilita que cenas específicas tenham intensidades e escalas variáveis a cada dia.

Em relação ao elemento textual, a quebra de hierarquia em *Gotham* sp é gritante, se comparado ao teatro tradicional. O texto, além de possuir o mesmo peso dos outros elementos da cena, muitas vezes é recortado, ou transforma-se em uma colagem de vários textos, ou, ainda, é "fragmentado e desconexo enquanto estrutura"[56]. Podemos também associar esse tipo de texto com o teatro do absurdo. Uma palavra engraçada pode ser utilizada como *objet trouvé*[57], depois repetida em brincadeira e piada, ou utilizada como glosa na cena. Intervenções dos atores podem ser acolhidas ou não. Esse processo é bem visível nos ensaios do grupo. É bem vindo o desapego: na corrente da criação coletiva, esvai-se muito material ao mesmo tempo que se criam novos.

---

55 Merce Cuningham, considerado o último dos modernos, teve grande contribuição nesse sentido. Ele quebra com as convenções do ballet clássico, trabalhando com os elementos sem hierarquia no palco e com outros desdobramentos, como o corpo, a cena como próprio tema, a diversidade de mídias no espaço cênico etc. Ver W. Sorell, *The Dance Throught the Ages*.
56 R. Cohen, *Performance como Linguagem*, p. 75.
57 Sobre isso ver O. Paz, *Marcel Duchamp ou o Castelo da Pureza*.

70 PERSONA PERFORMÁTICA

Segundo Cohen, paradigmas da modernidade têm influência direta nessa forma de utilizar o texto: o niilismo, o esvaziamento da palavra e a falência do discurso. A fragmentação[58] do texto também permite apreender seus sentidos ocultos: há um rio fluindo interiormente, encoberto pela semântica das palavras. É a crítica freudiana à linguagem verbal[59].

Gotham SP é carregada de textos verbais, porém muitas vezes não entendemos o que os atores falam, mesmo com microfones. O uso de aparelhos mediadores da voz e do corpo é uma característica importante da cena performática. Em *Gotham*, o microfone faz parte do espetáculo. Funciona como uma projeção multimídia em que o videomaker faz questão de projetar a moldura do *software* que está usando, fazendo o público participar do caminho do *mouse*. É uma escolha mostrar como são feitas as convenções e os mecanismos teatrais.

Às vezes, durante a peça, entende-se apenas uma palavra, e ela ganha sentido por si só, por sua virtude expansiva. Muitos atores não impostam a voz, como no teatro tradicional, pois não possuem técnicas vocais ou mesmo dicção. Isso faz parte da peça. Em alguns momentos, também não entendemos a que se referem em suas falas, parece que "não existe uma linearidade temática e sim um *leitmotiv* que justifica o desencadeamento das ações"[60]. Mesmo assim continuamos a entender a peça, os movimentos e ações: "com a voz, o gesto projeta o corpo no espaço da performance e visa conquistá-lo, saturá-lo de seu movimento"[61]. A comunicação transcende o texto, é independente dos signifi-

---

58 O tema da fragmentação do homem vem sendo expresso pela arte desde as vanguardas históricas. Ver E. R. Moraes, *O Corpo Impossível*. Aqui ele atinge a estrutura da obra e esta se torna fatalmente metalinguística. A metalinguagem é própria da performance. A fragmentação é amplamente utilizada, quase uma estrutura clichê nos imaginários artísticos. É sistematicamente utilizada na televisão; vide, por exemplo, as edições adotadas pela MTV. Sua absorção foi gradual, permeando as diferentes formas de expressão, mídias e públicos, até ser absorvida de forma massiva. A fragmentação pode levar tanto à análise (vide o cubismo) como ao estranhamento.

59 A psicanálise considera que a fala verbal/textual é sempre mesclada e camuflada por uma carga cultural com a função de encobrir e até mesmo reprimir impulsos naturais do homem (Eros, Tanatus, etc). Fala-se o que é culturalmente esperado, ocultando-se, dessa forma, inquietações do inconsciente. R. Cohen, *Performance como Linguagem*, p. 75.

60 Idem, p. 57.

61 P. Zumthor, "A Performance" e "A Obra Plena", *A Letra e a Voz*, p. 243.

cados das palavras em si: "o sentido do texto se lê em presença e no jogo de um corpo humano"[62]. A intensidade pode estar na musicalidade da cena, e não no sentido das palavras. "A eliminação de um discurso mais racional e a utilização mais elaborada de signos fazem com que o espetáculo de performance tenha uma leitura que é antes de tudo uma leitura emocional. Muitas vezes o espectador não 'entende' (porque a emissão é cifrada) mas 'sente' o que está acontecendo"[63].

O espectador constrói sínteses[64].

A lógica da representação tradicional é questionada pelo que hoje se reconhece por teatro contemporâneo:

A problematização da "realidade" como realidade de signos teatrais se torna uma metáfora para o esvaziamento das figuras de linguagem, que se dobram sobre si mesmas. Quando os signos não mais podem ser lidos como referência a um determinado significado, o público fica perplexo diante da alternativa de pensar sobre o nada em face dessa ausência ou ler as próprias formas, os jogos de linguagem e os atores em seu modo de ser aqui e agora[65].

Isso está marcado no fazer do grupo. O público de *Gotham SP* passa, desse modo, a observar os movimentos, e o efeito é a lente de aumento: cria-se sensibilidade às intensidades (às vezes sutis). Os performers da Ueinzz estão carregados dessas intensidades, porque se presentificam de uma forma muito viva em cena. O espectador da peça acaba tendo que trabalhar com o conjunto, com o resto, com os erros[66]. Seu olhar está presente na própria cena: público e olhar incluídos e parceiros nessa montagem, que deve ser feita por eles mesmos.

---

62 Idem, p. 260.

63 R. Cohen, *Performance como Linguagem*, p. 66.

64 A "imagem-nua", tema de José Gil em, *A Imagem-Nua e as Pequenas Percepções: Estética e Metafenomenologia*, também é interessante para pensar a construção de imagens despojadas de sua significação verbal.

65 H.-T. Lehmann, *Teatro Pós-Dramático*, p. 91.

66 Na psicanálise, Freud fala em "atenção flutuante", como explica Lehmann: "Justamente aquilo que é secundário e insignificante é registrado com exatidão, porque em seu não-significado imediato pode se mostrar significativo para o discurso da pessoa analisada. De modo similar, o espectador do teatro pós-dramático não é impelido a uma imediata assimilação do instante, mas a um dilatório armazenamento das impressões sensíveis com 'atenção flutuante por igual'". Idem, p. 145.

O mesmo se dá em relação ao som. Acontecem ruídos simultâneos: falas, sons, música. *Gotham* é uma peça sonora, de falas que eventualmente vazam do camarim, quando um microfone, por erro, não é desligado: ruídos, balbucios, glossolalia[67], que remete à mitologia pessoal da própria Cia. Ueinzz. O público tem que trabalhar a simultaneidade e a colagem. São combinações sonoras, sons de instrumentos estranhos, metálicos, carregados de efeitos desconhecidos.

Wilson Sukorski foi o orquestrador musical da peça. Havia uma banda ao vivo, que realizava o *leitmotiv* musical de personagens (cada um tem um tema). A música ampliava a comunicação, ou então dava ritmo a um discurso, compunha com a voz de uma atriz, era deixa, afirmava silêncios constrangedores do performer ou sustentava o ambiente que quase se esvaia com sua saída. Fazia aumentar a "escuta" não só sonora mas do tópos. O som é espacial em *Gotham*, faz parte da composição no trabalho do environment. De certa forma, *Gotham* era quase um musical: "a música determinava, […] cada um tinha seu tema, […] todo mundo queria cantar e participar de alguma forma", segundo Sukorski, em entrevista concedida em 28 de fevereiro de 2009.

67 "A glossolalia pode, em certos casos, constituir uma palavra ritual cuja potência de abertura ao divino vem da localidade em si, antes mesmo que da linguagem. A linguagem pode desaparecer, a voz, subsiste. […] É o conjunto da performance glossolálica que faz sentido. Um sentido que, dificilmente, pode ser traduzido em linguagem organizada. Mas penso que até os dias de hoje ela subsiste como uma recordação longínqua da palavra primordial, à qual provavelmente nossos antepassados atribuíram essa potência dramática, transformadora, que desvenda outra coisa para além do mundo vivido". P. Zumthor, *Escritura e Nomadismo*, p. 99.

O que provoca o público, não só em *Gotham SP*, mas em todas as peças da Cia. Ueinzz e nos trabalhos de Cohen, é o abandono da totalidade. Não é possível ver a peça toda, todos os seus acontecimentos: não há como agarrar todas as informações que se criam, muito menos entender todas as suas relações.

O sentido está no olhar do todo: "Ao dizer que o sentido 'compõe', não entendo por isso que ele se forma de elementos adicionados, mas antes, que ele emerge como unidade, ao mesmo tempo múltipla e indissociável: uma unidade cuja análise somente seria possível por um artifício que aniquilaria sua 'precisão'"[68].

Entendemos o teatro tradicional como realizador de atualizações:

o teatro é a arte da atualização. A cada peça, a cada noite, a cada instante, ele não apenas renasce, porém nasce. A sua reprodutibilidade, mesmo no que ela tem de reprodução, só se concretiza, irreprodutivelmente, na incorporação cênica. Tudo nela é polarizado em um ato da espontaneidade do gesto vivificador da representação teatral, da energia atual, ao vivo, de sua comunicação com seu receptor, o homem *in vivo*[69].

As formas e procedimentos compartilhados entre público e performers ganham significados distintos em contextos diferentes. Assim, o grupo atualiza cada cena e seus sentidos em função do contexto (plástico, estrutural, social, cultural,

---

68 Idem, p. 149.
69 J. Guinsburg, *Da Cena em Cena*, p. 34.

interno etc.), e durante sua experiência[70]. Isso é feito de forma própria, com flexibilidade e sensibilidade de assumir cada atualização e trabalhar em cima dela. Essa atualização reivindica vida, totalidade, verdade (ela tem a ver com a epifania, como atualização e síntese do tópos-cênico, no *site specific*). A peça nunca esteve completamente pronta, mas sim em constante trabalho, em work in process.

Eu via que no trabalho do Renato com a Ueinzz tinham coisas até dos outros grupos que o Renato dirigia. Mas aquilo que vinha do Ueinzz para esses outros grupos era muito mais interessante, que não eram só recursos de linguagem, recursos estéticos, mas eram modos mesmo de trabalho.

Com o Ueinzz ele conseguia uma interlocução com os atores que ele não conseguia em outros territórios. Porque os atores do Ueinzz também têm esse mesmo espírito. Esse mesmo gosto pelas mesmas cenas que o Renato almejava, era também almejada por eles. Por isso foi uma junção. Um dos trabalhos mais fortes do Renato talvez tenha sido o trabalho com a Ueinzz. Justamente por essa potência coletiva que tinha[71].

As atualizações causam incertezas e mantêm o público "preparado". Essa qualidade faz com que o público perceba as diferenças contidas na presença dos performers, que se sobrepõem à forma teatral, incorporando um vetor metalinguístico no desenvolvimento do espetáculo. Há um envolvimento corporal, marcado pelo "investimento afetivo operador na recepção"[72], isto é, o público é também uma voz. O teatro vira acontecimento, é explícita sua processualidade e imprevisibilidade. Considerando a abertura para a improvisação e a disponibilidade para aceitar a margem de erro daí decorrente, "A situação de imprevisto [...] reforça essa condição de participante do espectador, que se vê colocado numa observação que não é apenas estética"[73].

Espera-se o inesperado:

---

70 Experiência: "Lugar concreto, topograficamente definível, em que a palavra desabrochante capta seu tempo fugaz e faz dele o objeto de um conhecimento". P. Zumthor, "A Performance" e "A Obra Plena", *A Letra e a Voz*, p. 222.

71 Cássio Santiago, entrevista concedida em 27 de janeiro de 2010.

72 P. Zumthor, "A Performance" e "A Obra Plena", *A Letra e a Voz*, p. 226.

73 R. Cohen, *Performance como Linguagem*, p. 84.

O espetáculo [*Gotham SP*] se forma enquanto acontecimento, e, na presença do público, os atores desenham a partitura que vem sendo tramada e ensaiada ao longo do processo. São organizados *Sketches* fixos e uma marcação espacial que preveem o improviso e o achado cênico. Os atores singulares, guiados pelo espaço e por uma partitura musical que se desenrola ao vivo, criam seu próprio desenho cênico. O espetáculo conforma marcação e espontaneidade, identidade cênica e distanciamento, aproximação do personagem e apresentação do eu próprio em cena. Atores que largam sua posição para assistir a cena dos outros, e retomam na sequência dramática. Atores que realizam grandes monólogos e, também, que abandonam a cena sem completar suas frases. Essa estridente partitura de erros, de achados, de reinvenção de texto, vai se construindo na frente do público que está convocado como cúmplice desse novo entoar da "língua mágica". O espetáculo se torna então ritual, onde todos assistem o impossível prosseguir, aos corpos dobrados dançarem, às vozes inaudíveis ganharem potências amplificadas pela eletrônica montada no espetáculo[74].

O espectador nunca tem certeza que um gesto ou uma fala terão um desfecho, se serão ou não interrompidos por alguma contingência qualquer, e cada minuto acaba sendo vivido como um milagre. É por um triz que tudo acontece, mas esse por um triz não é ocultado – ele subjaz a cada gesto e o faz vibrar. Não é só que a segurança do mundo se vê abalada, mas esse abalo introduz no mundo (ou apenas lhe desvela) seu coeficiente de indeterminação, de jogo e de acaso[75].

Há, na cena de *Gotham SP*, certo mistério, certa "energia" enigmática, ligados à mágica do acaso e do equilíbrio poético. Com certeza, essa energia está ligada ao seu environment, que, no auge das turnês, era levantado sem esforço, no aquecimento que antecedia cada espetáculo[76].

Gotham SP foi ganhando, ao longo dos anos, uma forma cada vez mais espetacular, no trabalho de iluminação (concebido por Alessandra Domingues), na atmosfera criada pelo projetor de imagens, construindo o ambiente e tornando-se

---

74 R. Cohen, do release de *Gotham SP*.
75 P. P. Pelbart, Ueinzz – Viagem a Babel, *A Vertigem por um Fio*, p. 102.
76 Certa "magia misteriosa" ou enigmática é observada (de forma análoga) no "teatro de imagens" de Bob Wilson, ou ainda em Tadeuz Kantor. Ver H.-T. Lehmann, *Teatro Pós-Dramático*, p. 96.

cena em si; e também pelo som, estourado no espaço, vibrando nas caixas corporais. Luz e som protegiam, de certa forma, a fragilidade e a vulnerabilidade dos performers, emolduravam os artistas, envolviam o público e, talvez, até trouxessem mais suavidade e prazer estético para um teatro tão denso e difícil como *Gotham* SP.

O environment em *Gotham* SP era produzido por um fator muito importante da linguagem do grupo:

> Os atores da Cia. têm a seu favor um raro aliado, que desmonta a representação, no seu sentido mais artificial: o tempo. O tempo do ator incomum é mediado por todos seus diálogos, é transbordado por seus sub-textos, que passam a ser seu próprio texto. A resposta nos diálogos não vem imediata, racional, ela percorre outras circuitações mentais. Há um *delay*, um atraso cênico, que coloca toda a plateia em produção. O ator, intuitivamente, transita entre a identificação stanislavskiana e o distanciamento de Brecht. E se empolga, perante o aplauso do público, realiza sua tourada cênica, medindo forças com a plateia e suas próprias sombras interiores[77].

É nesse tópos cênico denso e expandido que loucura, criação e pensamento libertam-se no espaço. Cria-se uma atmosfera de sensibilidade, do público e dos performers, para a ação-improvisação. É aí também que podem se formar os sentidos poéticos do teatro, onde vemos surgir a força do irrepresentável. Ao mesmo tempo, a poesia pode se perder, e toda cena vai por água abaixo; a peça pode ficar cansativa, já que estar no instante presente exige muita energia (não estamos, tanto atores como público, muito acostumados). Esta é mais uma característica performática: o tempo da sensibilidade para a improvisação e a disponibilidade para o erro.

Duração e efeito rítmico são, "no seio da performance, criadores de valores"[78]. Vemos em *Gotham* SP uma deformação do tempo, e um ritmo às vezes dodecafônico, ou então percebemos um coração que pulsa em arritmia. As transições entre as cenas da Cia. Ueinzz são muito lentas, delicadas, a ponto de se pensar que algo deu errado e que a próxima cena não virá.

---

77 R. Cohen, do release de *Gotham* SP.
78 P. Zumthor, "A Performance" e "A Obra Plena", *A Letra e a Voz*, p. 253.

O ritmo está no seio da composição em andamento. Ele também é afetado pela tensão entre o tempo-espaço ficcional da cena e o tempo-espaço real (como já apontado antes, essa questão é sistematicamente discutida na esfera da performance)[79]. Na Cia. Ueinzz, o espaço-tempo "real" surge de forma improvisada, como constante questionamento dos atores, ceticismo ou desmascaramento. É um "fazer no instante presente" que está também no processo criativo do grupo, e se reflete na estrutura formal da peça. Por exemplo: em um ensaio em 2002, uma cena estava sendo refeita. Batman se encontra com Charada e decidem ir ao supermercado comprar mantimentos. Os atores resolvem fazer a cena como um duelo de faroeste. Assim, durante o ensaio, um começa a desenhar o deslocamento do outro no espaço, definindo marcações coreográficas. Depois que a cena está montada, vão reapresentá-la, e a grande surpresa é que as discussões a respeito da coreografia continuam em cena, junto com os produtos do supermercado. Estavam se apresentando como personagens e atores ao mesmo tempo, num conflito entre o tempo ficcional e o tempo real da cena. Ator e personagem em um só corpo cênico, em metalinguagem.

Cohen, ao descrever a *Eletroperformance* de Guto Lacaz, aponta a mesma característica: "é justamente esse jogo com esses dois 'tempos', [real e ficcional] que se dá através de uma brincadeira com a convenção teatral, que faz com que essa performance possa ser apontada como um espetáculo conceitual (na medida em que brinca com os conceitos de convenção, representação, atuação etc. que estruturam a arte teatral)"[80]. Apresentar a construção do trabalho ao público é uma opção da performance – uma escolha que sublinha que o fazer é a própria arte, como no work in process.

O tempo "real" da performance (que rompe com a representação teatral de *Gotham*) acontece principalmente pela presença particular do corpo dos performers. Eles não se apoiam necessariamente em uma personagem psicológica. No teatro

---

79 Segundo Cohen, Xerxes Mehta se utiliza dos termos "stage time" e "real time" para definir tais situações de espaço. "O primeiro é o tempo ficcional, tempo da representação. Diz respeito à personagem. O 'real time' diz respeito ao que efetivamente está acontecendo no momento. É o tempo do ator". R. Cohen, *Performance como Linguagem*, p. 67.

80 Idem, p. 85.

convencional, a dinâmica corporal própria (impulsos, ritmos energéticos etc.) é sempre limpa e esvaziada, através de exercícios como o "círculo neutro", ou em trabalhos como o de Jacques Lecoq[81], por exemplo. Na mídia, em geral, também estamos acostumados a ver os corpos "limpos" de impulsos, ritmos ou formas próprias, já que podem ser considerados ruídos da emissão sígnica (seios, quadris, membros, são padronizados). Em *Gotham* os corpos parecem ser "diferentes", nossa expectativa de uma "normalidade" torna-se estranhamente redutora. Esses corpos diferentes e carregados de informação nos fazem lembrar que as identidades são construções sociais, que nossos corpos e nossas formas de se movimentar são distintas umas das outras. Nessa cena, a aparente neutralidade da regulamentação à qual somos submetidos[82], do que deve ser "normal" e "anormal", é intencionalmente exposta. Parece possível ver o "assujeitamento", denunciado por Foucault[83].

Para Artaud,

O teatro torna-se o lugar e a ação de construir um novo corpo. "O teatro é o estado, o lugar, o ponto, onde se aprende a anatomia humana, e através dela se rege e se cura a vida". Esta construção exige a desmontagem do "organismo". Esse corpo organizado por operações sociais de canalização de suas forças e de seus apetites, de recorte e ligação de seus fluxos, de mapeamento de seus fenômenos. Operações que tornam o corpo funcional, dócil, utilitário, banalizado (num "estado de erotização estática e pró-intestinal", segundo Artaud)[84].

O corpo singular em *Gotham* SP produz uma fala, um texto, carregado de proposições e reconstruções de si: um palimpsesto revelador de uma "arqueologia da linguagem", como sugere

---

81 Ver *Le Mime, art du mouvement.*

82 Ver R. Miskolci, op. cit.

83 Tratando do poder do Estado, e suas formas totalizadoras de poder institucional, Foucault estuda os modos de subjetivação do sujeito, e as condições a que ele está submetido. O "assujeitamento" pode ser entendido como sujeição, que reflete no comportamento dos indivíduos, em suas formas de agir e portar-se. "Aquilo que define uma relação de poder é um modo de ação que não age imediatamente sobre os outros, mas que age sobre sua própria ação." M. Foucault, O Sujeito e o Poder, em P. Rabinow; H. Dreyfus (eds.), *Michel Foucault, Uma Trajetória Filosófica: Para Além do Estruturalismo e da Hermenêutica*, p. 243.

84 C. S. Quilici, O Teatro da Crueldade, em P. P. Pelbart et al. (orgs.), *A Vida em Cena*, p. 146.

o pesquisador Marcel Mauss, em *Sociologia e Antropologia*. É um corpo que questiona a representação teatral clássica, produz a quebra da ilusão cênica e se transforma no seu fazer, em processo. Se aproxima do "presente absoluto", citado por Galizia em *Processos Criativos de Robert Wilson: Trabalhos de Arte Total para o Teatro Americano Contemporâneo*.

Essa presença corpórea é também ausência, quando, por exemplo, um performer abandona o palco e sua cena, ou quando a deixa já foi dada, mas a cena demora a acontecer, numa suspensão. Os silêncios abrem espaços. A intensidade dessa ausência pode ser tão forte quanto a presença. A ausência pode trazer também questionamentos existenciais, certo niilismo. São personagens que ficam mudas, performers que esperam sua vez com certa indiferença ao que está acontecendo, ou com uma "natural displicência", segundo Pelbart, qualidade buscada por atores profissionais de várias correntes dramáticas, mas que, em *Gotham SP*, é realizada de forma espontânea. Ela causa, no entanto, profundo incômodo. É algo que no grupo Ueinzz é inerente à construção da cena, vem de dentro, uma expressão não combinada, que simplesmente brota em silêncio. *Inner*. Às vezes, há um esvaziamento, por exemplo, quando um ator repete uma cena sem nenhuma energia, simplesmente porque é sua vez de fazer. Ou quando a cena não acontece bem, quando a improvisação é ruim, há tédio ou espera – ameaça do vazio[85]. Isso que se torna um problema existencial se dá, embora de outra forma, em *Imanência: Caixas do Ser*. É uma estrutura de linguagem que fala da existência, desmanchando o drama ao mesmo tempo em que se refere a ele. "Os singulares atores da Cia. propõem, a nosso ver, um estatuto inaugural de articulação de texto e de corpo no espaço, um estranho diálogo entre vontade de ação e outras forças que vão apresentar um contra desenho, uma performance limite, cujo gesto se delineia

---

85 "Em face do bombardeio de signos do cotidiano, o teatro pós-dramático trabalha com uma estratégia de recusa. […] Silêncio, lentidão, repetição e duração em que 'nada acontece' se encontram não só nos trabalhos mais minimalistas de Wilson […]. Há pouca ação, grandes pausas, redução minimalista, enfim, um teatro da mudez e do silêncio […]. Nessa via da elipse recorre-se acentuadamente ao vazio e à ausência, de modo comparável à tendência na literatura moderna de privilegiar a subtração e o vazio (Mallarmé, Celan, Ponge, Beckett)." H.-T. Lehmann, op. cit., p. 149.

PERSONA PERFORMÁTICA

entre opostos: fragilidade e potência, em um traço contínuo de ambiguidade e ambivalência"[86].

Há, portanto, respeito e calma para os tempos de cada ator. Esse respiro faz tocar diretamente no corpo do espectador, permitindo a reverberação completa do acontecimento em seu sistema sensorial. O espectador, quando se permite entrar nesse ritmo, muitas vezes sai arrebatado, modificado, do espetáculo. As ações atualizadas, a relação com a plateia, a simultaneidade e a justaposição de imagens, incorporação de signos, de sentidos, de emoções sinceras e memórias reveladas dos performers no momento do improviso trazem ao tempo da Ueinzz o caráter da *experiência* da arte viva. O teatro da Cia. Ueinzz se aproxima de Artaud[87].

De forma explícita, vemos pelo menos dois estados corporais na cena: o ser do performer (e seus vários "eus", às vezes explícitos, às vezes implícitos), e o ser da personagem. Esses dois estados corporais estão sempre presentes no trabalho da Ueinzz. Cria-se um trânsito entre personagem e ator, num limite[88] entre o eu e o outro, como um diálogo, aberto ao público, sem tempo definido entre os dois, sem hierarquia entre um e outro, aflorando como processos espontâneos e atualizados no momento performático. Esse trânsito inclusive toma do espectador um tempo diferente, e muda a sua percepção.

Essa ambiguidade é marcante na Companhia. A "valorização do instante presente da atuação faz com que o performer tenha que aprender a conviver com as ambivalências 'tempo-espaço real / tempo-espaço ficcional. Da mesma forma, quando o perfor-

---

86 R. Cohen, Rito, Tecnologia e Novas Mediações na Cena Contemporânea, *Revista Sala Preta*, ano 3, n. 3, p. 120.

87 É essa temporalidade, que está no "tempo mítico", no tempo do ritual, da transformação do público, que interessa a Artaud, em suas descrições do teatro oriental e em seus textos sobre a crueldade. A forma performática de se fazer teatro se aproxima do ritual pela experiência: não há como simplesmente "assistir" a um ritual sem participar de alguma forma. Em ambas experiência existe o envolvimento de todos.

88 "É nessa estreita passagem da representação para a atuação, menos deliberada, com espaço para o improviso, para a espontaneidade, que caminha a *live art,* com as expressões *happening* e *performance*. É nesse limite tênue também que vida e arte se aproximam. A medida que se quebra com a representação, com a ficção, abre-se espaço para o imprevisto, e portanto para o vivo, pois a vida é sinônimo de imprevisto, de risco." R. Cohen, *Performance como Linguagem*, p. 97.

mer lida com o personagem a relação vai ser a de ficar 'entrando e saindo dele' ou então a de mostrar várias personagens, num espetáculo, sem aprofundamento psicológico[89].

Importantíssimas para a arte da performance, estas são características que nos fazem entender os atores da Cia. Ueinzz como performers. Eles também podem ser considerados performers na medida em que se apresentam voltados mais para uma atuação em cena que para uma representação da cena. Em *Gotham SP*, havia momentos de preocupação e trabalho específico de direção de ator (principalmente nos últimos anos da peça), mas tratava-se, entre outras coisas, de afinar a cena, o que não impedia o brotar espontâneo das pessoas.

Entre a personagem e os "outros"[90] dentro do performer, surge espontaneamente uma persona, que é o próprio performer. Ele possui uma mobilidade fluida na metamorfose de sua presença, e apresenta suas máscaras em público. Nesse "entre" há uma ambiguidade carregada de reflexão[91] que coloca em xeque as relações de poder.

Pela atuação dos performers da Ueinzz, que jogam diretamente com o estranhamento de si mesmos (estranham-se as personagens – às vezes facetas de si mesmo – e estranham-se as facetas do artista), temos a experiência da cena metalinguística, da autorreflexão. Através dessa presença, o outro não é exterior, faz parte do próprio atuante, da persona performática. O trato diferenciado que é dado ao erro também denuncia trânsito e ambiguidade explícita entre "eu / não eu / não não eu"[92] dessa peça. O erro é aceito e anuncia a vitalidade da situação.

O que fica explícito na cidade imaginária de *Gotham SP* são as subjetividades de cada ator, que surgem espontaneamente ao longo da peça, através dos diferentes recursos artísticos, da experiência, dos erros, da poesia. As pessoas são visíveis. Essa

---

89 Idem, p. 98.

90 Peter Pál Pelbart escreve sobre a questão do "outro" trazida pelo grupo no texto *Poéticas da Alteridade*. Disponível em: < revistas.pucsp.br/index.php/bordas/ article/download/7734/5663 >.

91 De fato, a ruptura entre personagem e ator já foi feita desde o início, quando se montou uma companhia formada por não atores. Ou seja, eles estão muito próximos da não representação, proposta de atuação que tanto questionou o teatro e a representação naturalista na década de 1960.

92 Sobre isso ver R. Schechner, Restauration of Behavior, *Between Theater & Antropology*.

experiência proporciona a produção de vozes polifônicas, que levam a um devir outro: à reinvenção de si mesmo. É a persona, e não a personagem, porém, que trabalha o estranhamento e a força vital de *Gotham* SP. Ela articula a expressão de idiossincrasias (diversas ou divergentes) de cada performer[93], que são organizadas e desorganizadas por colagens e montagens. Esse recurso promove uma força polifônica radical, em que formas diferentes de discurso aguçam a sensibilidade. São múltiplas vozes que não se calam, nem permitem que um único discurso seja fixado, tanto em relação à identidade quanto em relação à construção da própria peça e o que ela conta: na experiência da obra aberta os discursos são ressignificados. Destitui certezas. A autorreflexão é produzida no grupo como um todo, assim como no público. E deixa em aberto o problema da autoria em trabalhos coletivos como esse.

Nesse *tópos* cênico, diferentes formas de "eu", de "personagem" e "persona" são construídos. Subjetividades iluminam não só a memória, a inteligência, mas também a sensibilidade, os afetos, os fantasmas inconscientes. A estrutura de linguagem da Cia. Ueinzz permite uma reflexão existencial; abre espaço para experiências de estar no mundo. Trata-se de educar, canalizar energias não somente na direção de um imaginário sincero, cultural, político e social, mas também corporal.

---

93 "Nesse teatro acontece de cada um poder reconhecer-se como ator e autor de si mesmo, diferente daquilo que o teatro do mundo reserva à loucura, ao enclausurá-la na sua nadificação. Nesse teatro cada subjetividade pode continuar tecendo-se a si mesma, com a matéria-prima precária que lhe pertence, e retrabalhá-la. Subjetividades em obra em meio a uma obra coletiva, no teatro concebido como um canteiro de obra a céu aberto." P. P. Pelbart, Ueinzz – Viagem a Babel, *A Vertigem por um Fio*, p. 105.

4 . A Travessia: O Atalho Mais Comprido a Se Fazer

> *O culto ao estranhamento, hoje tão em moda nos meios psicanalíticos e acadêmicos, prende numa moldura a turbulência do negativo, impedindo que ele realize sua tarefa até o fim, pois, como já disse, o estranhamento é a passagem, é o desejo de partir, e, uma vez experimentado até o fundo, rasga a argamassa metálica do trem e nos coloca sentados no formigueiro da incandescência, no cometa onde a criança enlouquece de lucidez.*
>
> JULIANO PESSANHA[1]

PREÂMBULO

Vimos duas formas de persona nos dois trabalhos comentados anteriormente. Os artistas apresentam-se, de uma forma ou de outra, entrando e saindo de suas personas. A persona, que parece ampliar as fronteiras do que seria o artista, a pessoa em cena, oferece outras possibilidades de construção e apresentação do "eu".

Como uma máscara, a persona performática traduz a ambivalência pessoa/personagem/máscara no assunto da cena, de forma ontológica e em tensão, revelando o artista e a ilusão (quando há convenções de linguagem como, por exemplo, no caso da persona em *Gotham SP*), produzindo estranhamento. A passagem de uma para outra e, ainda, de persona para outra persona, é muito ágil, transcorre sem impedimentos. "À medida que não passa a ser somente um ator 'representando' uma personagem, ele abre espaço para outras possibilidades"[2]. A persona explorada por Cohen é múltipla. Polifônica. A cena

---

1 J. G. Pessanha, *Certeza do Agora*, p. 134.
2 R. Cohen, *Performance como Linguagem*, p. 97.

coheniana trabalha com a exploração do paradoxo de "multiple selves" coexistindo na mesma pessoa[3], criando ambiguidade no percurso do estranhamento.

Bakhtin, ao estudar a cultura da Idade Média e do Renascimento, encontra no uso da máscara uma forma de transformação e relativização das coisas: a pessoa que a usa mantém a memória da impermanência da própria máscara, ou seja, da personagem[4].

O ator do teatro tradicional se esconde na personagem. Ele se mascara como método, para entrar em uma personagem distinta de si, cuja história já está escrita previamente. Ele interpreta. No campo da performance, a máscara funciona em outra chave de entendimento. A persona performática constrói máscaras de si mesma ao se apresentar, em várias camadas, ou incorpora máscaras para si, desdobrando-se em suas várias possibilidades. Há aí outro significado, que é a impermanência do performer, que recria a sua máscara a cada momento, em contraposição ao ator de uma personagem tradicional, que se "fixa" numa identidade formalmente estabelecida.

Em certo momento de seu primeiro livro, Cohen refere-se às supermarionetes de Gordon Craig, descritas em *Da Arte ao Teatro*. Craig interessava-se pelo uso das máscaras pois acreditava que elas unificariam toda silhueta da pessoa, formando com o corpo todo uma só figura. O intérprete perderia certo egoísmo e egocentrismo ao esconder seu rosto, símbolo da expressão de si mesmo. Seu corpo e sua voz passariam a ser elementos constitutivos do trabalho cênico, e não partes da personalidade do ator, como aponta Vinicius T. Machado, em *A Máscara no Teatro Moderno*. Assim, a máscara para Craig funcionava como uma forma de desmanchar o ego.

A persona performática dos trabalhos de Cohen, da mesma forma, procura não o ego, mas a construção de um repertório a partir de si, de seu corpo e sua história. Tem a seu favor a mitologia pessoal (sobre isso veremos mais adiante). Essa noção de máscara está próxima também de interesses de Paul Zumthor a respeito desse tema. Em um texto sobre literatura no período

---

3   R. Schechner, *Between Theater & Anthropology*, p. 6.
4   M. Bakhtin, *A Cultura Popular na Idade Média e no Renascimento: O Contexto de François Rabelais*, p. 35.

da Idade Média, ele levanta o paradoxo da máscara a partir de uma epígrafe de Vitor Hugo: "Disfarces, travestimentos, fantasias. Chamamos isso mascarar-se. Mas é ao contrário. Essas pessoas aplicam sobre a face o verdadeiro rosto que não engana"[5].

Em entrevista de 22 de maio de 2008, Jerusa Pires Ferreira comentou: "A máscara é aquilo que se forma para responder à intensidade psíquica do momento, por isso ela é verdadeira". Segundo o inventário de máscaras de Zumthor, feito com textos narrativos, as máscaras estão associadas a "episódios onde se vê transformada intencionalmente a aparência de uma personagem"[6]. No caso da performance, a máscara poderia ser entendida como a própria persona do performer, revelando a dinâmica da sua transformação. Seu uso é transgressivo, pois faz visível o dissimulador "discurso-máscara"[7]. Com o travestimento que proporciona, ironicamente desvela faces esquecidas, atravessadas ou desviantes, escondidas atrás de seu próprio véu[8].

TRAVESSIA

A *travessia* é uma imagem para a construção da persona performática de Renato Cohen. A princípio, era o nome de um exercício que ele orientava. Um exercício inaugural, que abria o processo criativo[9]. Em uma sala, a turma era dividida em duas, e um grupo ficava de um dos lados da sala de frente para

5   Victor Hugo apud Paul Zumthor, As Máscaras do Poema: Questões da Poética Medieval, *Revista Projeto História*.

6   Paul Zumthor, op. cit.

7   Idem.

8   "A poesia funciona assim como o mito, de acordo com Lévi-Strauss, como um meio de encobrir, a fim de ultrapassar as contradições do pensamento. Mas esse último é também véu que toma por objeto; e tudo que nos faz homens é assim jogos e mudanças de máscaras. Deste desfile original, a linguagem parece ter, como uma missão primordial, subjacente a todas as outras, a de dissimular a realidade. Os linguistas o sabem, quem não parou de analisar as escalas sobrepostas, que, do mundo como está, cortam irremediavelmente o que dizemos [...]. A linguagem, dizia Cassier, nos impede de ver o que está por trás de si mesma. Que o discurso poético seja o primeiro (como suponho aqui) ou o segundo (de acordo com a opinião comum), ele multiplica e acentua consideravelmente estes efeitos." Idem.

9   Em *Guerreiros do Alfabeto Estelar Iniciação em Performance e Xamanismo na Criação do espetáculo Ka de Renato Cohen*, Samira Borovik descreve outros exercícios significativos de Cohen.

o outro, se olhando, ou todos permaneciam juntos do mesmo lado. Colocados nessa disposição, deveriam atravessar o espaço lentamente e em silêncio. Essa primeira travessia em geral não passava de cinco minutos. Em seguida, ele sugeria que se repetisse a mesma coisa, mas muito mais lentamente, algo que durasse de quarenta minutos a uma hora.

Este é um exercício para a sensibilidade do corpo, do espaço. Ele trabalha a atenção da pessoa em si mesma e no que acontece com as outras, no conjunto da sala. O grupo acabava tomando uma forma conjunta, apesar de cada um ter ritmo diferente e passos diversos. A percepção do tempo acaba dilatada, assim como a percepção sonora. Todo ambiente é tomado. A pessoa também ganha foco nesse exercício: cada um acaba em um mergulho interno bastante profundo. Os participantes poderiam, simbolicamente, trazer à mente percursos e acontecimentos internos, ou acontecimentos reais, de uma passagem maior já realizada ou ainda imaginada. Características que surgem ao longo da caminhada são incentivadas, como uma perna mais pesada, uma respiração aprofundada, tônus diferentes. Cohen construía um mergulho em sensações e em fluxos de sensações, em que a pessoa se deixava levar atravessando o espaço e o tempo.

Outro exercício importante, que também pode ser entendido como travessia, era aquele orientado pelo xamã Lynn Mario, que trabalhou com Cohen em alguns processos como seu grande colaborador. De forma geral, o exercício consistia em uma travessia interna, um "passeio" por florestas, portais, bloqueios, que inclusive incluíam responsabilidades e incumbências. Um instrumento de percussão constrói o ritmo da experiência. A prática trabalha ainda com os animais de poder, simbólicos nas formas e relações. Mas não cabe aqui a descrição do trabalho. O importante é entender essa travessia como uma viagem iniciática.

A travessia é também uma forma de assumir a ligação da arte com a vida. Tomar a vida como travessia é também ter momentos importantes atravessados de forma ritual ou artística. É carregar de poética as experiências da vida, sejam elas experiências internas, passagens, viagens etc. A vida do performer, suas dificuldades e vicissitudes, mas também suas passagens especiais ou menores gestos podem ser poéticos. Experimentar e enfrentar os dramas da vida são as únicas formas de poetizá-los. Tudo isso, ou seja, a construção da pessoa, é parte da construção da persona.

Há ainda uma experiência de atravessamento vivenciada na camada da memória. A memória do artista é a fonte dos fatos culturais, das mitologias e arquétipos humanos. A persona está ligada aos desdobramentos de um percurso construído pelo artista. No processo de criação de Cohen, esse percurso é fundamental para o performer entrar no estado performático, e traduzir-se em persona.

Assim, a travessia é um processo de constante descobrimento, de vivências significantes para a construção de um contexto e do conteúdo "denso" do performer. A noção de travessia é uma metáfora para a construção da persona. A ideia de processo ganha nova dimensão, liga-se ao procedimento transformativo, ao caráter dinâmico da persona. A travessia pode ser entendida por fim como uma disposição ao permanente vir-a-ser, ao devir.

Segundo a Teoria da Relatividade Geral, desenvolvida por Albert Einstein, o caminho mais curto entre dois pontos no espaço é uma curva. O *continuum* espaço/tempo é curvado pela matéria. A persona, no trabalho proposto por Cohen, toma um atalho mais comprido, considerando a travessia da vida feita em elipses. Pode ser através de uma vereda estreita, cheia de obstáculos, com estranhamentos que levam a outras paragens, eventos que, talvez, não sejam utilizados na obra, ou esses eventos podem simplesmente serem considerados como marcadores da forma poética. Como disse o poeta Angelus Silesius: "Não sei o que sou, não sou aquilo que sei: uma coisa, e todavia coisa nenhuma, um pequeno ponto e um círculo."

MITOLOGIA PESSOAL: O MITO BEUYS

O artista transforma-se em atuante,
sendo sujeito e objeto de sua obra

RENATO COHEN[10]

Eu lembro de tantas coisas,
algumas delas até aconteceram

TIM MILLER[11]

A construção do performer como persona, como "ritualizador do instante presente", segundo Cohen, deve ser contextualizada pelas distintas origens da performance. Pressupõe características que a princípio parecem próximas do fazer do artista plástico: o performer é o próprio criador da obra, e não o intérprete[12]. Podemos antecipar: na persona, os limites da pessoa e da personagem podem ser vistos na cena e fora da cena.

No work in process, a preparação dos performers é fundamental. É feita a construção e levantamento de mitologias pessoais, de temas e subtemas desenvolvidos já em laboratórios práticos (a preparação de experiências do "passado" para que estas possam se articular com o "presente" de cada laboratório e de cada encontro com o público). Estes laboratórios resultarão em textura cênica (termo que tomo emprestado do diretor Cassio Santiago), *leitmotiv*, ou simplesmente em mais uma cena que eventualmente será abandonada, para dar espaço a outras questões (a arte é processo, não está em um produto). Não é à toa que o processo é carregado de marcas das vicissitudes da vida: "Impedimentos, viagens, passagens de nascimento e morte de familiares e outros acontecimentos do curso humano, feita também por amadurecimento e novas guias de trajetória"[13]. "Manifestações transitórias (cenas não configuradas, laboratórios, situações cotidianas), contextos ulteriores ao contexto artístico ('cena da vida', 'cena da mídia') até expressões híbridas, fronteiras (performances, manifestos, intervenções) e, finalmente, a cena teatral contemporânea"[14].

10 *Performance como Linguagem*, p. 30.
11 Em D. Roman, *Acts of Intervention*, p. 143.
12 Ver, como pesquisa paralela, K. Canton, *Auto-Retrato: Espelho de Artista*.
13 R. Cohen, *Work in Progress na Cena Contemporânea*, p. XXXVII, nota 21.
14 Idem, p. 4-6.

Joseph Beuys (1921-1986) foi figura muito cara para Cohen, por todo o conjunto conceitual-artístico que desenvolveu. A base da produção artística de Beuys foi sua experiência pessoal. Além disso, ele desenvolveu ao longo dos anos um projeto ampliado de arte-vida, de extrema liberdade em relação a procedimentos artísticos tradicionais.

Desenvolveu também extensa reflexão. Ações levavam a reflexões, e estas, por sua vez, levavam a novas ações, e assim por diante. Trabalhou principalmente com elementos não estáticos, dando ênfase ao processo em detrimento de uma arte consumível. Em 1972, depois de uma série de discursos e ações[15], ele foi demitido da universidade onde lecionava. Defendia que "cada pessoa é um artista" ("*Jeder Mensch ein künstler*"). Todos podem ser artistas, toda ação cotidiana pode ser arte[16]. Ele inventa um modo de ser para sua persona pública, assim como para sua prática artística[17]. Abraça o senso de si mesmo, constrói com isso sua autoridade, sua mística[18], com ironia[19] e senso de humor.

Beuys usava diferentes materiais como catalisadores de transformações e reflexões. Outros materiais incomuns para a arte também eram utilizados: alimentos, metais (cobre, ferro), cera, mel etc. Os materiais perecíveis enfatizavam a transformação do objeto ao longo do tempo. A ênfase na matéria está na carga simbólica e no caráter ritualístico que transfere a ela a energia a ser transmitida[20]. Trabalhava, ainda, com vários

---

15 Ver J. Beuys, A Revolução Somos Nós, *Escritos de Artistas*. Conferência de 1972 na Itália.

16 Médicos, agricultores, farmacêuticos, todos poderiam ser artistas, e usar a criatividade dentro de sua própria área. Essa ideia faz parte de seu conceito de "Escultura Social", da qual a antroposofia teve grande influência.

17 "Neste momento, eu mesmo sou a obra de arte. Apenas insinuo uma direção no desdobramento, ou seja, indico que, nesta realização de tornar o mundo uma obra de arte, qualquer pessoa pode fazer parte, em potencial. Daí toda esta história de chapéu, que encaro como a tragicomédia da arte do nosso tempo". Ver J. Beuys, apud S. Mello, 1986: Morre Artista Alemão Joseph Beuys, *Deutsche Welle*.

18 Beuys era, segundo Cohen, "chamado de Xamã das artes". Ver Territórios Para-Teatrais, *Anais do I Congresso de Pesquisa e Pós-Graduação em Artes Cênicas*, p. 60.

19 Apesar de toda carga mitológica e simbólica, "How to Explain Pictures to a Dead Hare", de 1965, é uma ação muito irônica.

20 A gordura, por exemplo, traz uma série de significados: o caos e a potência, o combustível, mas também a plasticidade do homem, seu contato com a natureza, com os animais, a matéria em transformação. Lembra-nos que somos

suportes[21]. Suas ações (*aktionen*) realizavam a comunicação entre todos os elementos, segundo Alain Borer, em seu livro sobre Joseph Beuys, funcionando ainda como espaço de debate público. Por essas características, ele era referência fundante de Cohen em aulas de body art. As ações de Beuys também envolviam conexões com universo mitológico, mágico. Beuys articula assim discussões da arte conceitual com rituais artísticos.

Entre as idiossincrasias de Beuys está a mistura de repertórios dificilmente compatíveis, pelo menos no senso comum: simbologia cristã e marxismo, Ocidente e Oriente (uma junção cristalizada na ideia ampliada de Eurásia, presente em algumas de suas performances e instalações), mitologia celta e Fluxus, um ecletismo também evidente no repertório das suas referências históricas, teológicas e estéticas, de Ignácio de Loyola, fundador da Companhia de Jesus, a Gengis Khan, soberano mongol, passando pelo gângster americano John Dillinger e o marco da literatura moderna James Joyce[22].

Talvez o mais significante seja a forma como Beuys criou para si um histórico que justificava e trazia valor e densidade ao seu fazer. Há especulações de que Beuys teria inventado sua história de vida principal[23]; o fato é que essa história oferece estrutura conceitual para toda sua produção artística.

A história é a seguinte: durante a Primeira Guerra, servindo o exército, Beuys pilotava um avião de caça, quando foi abatido durante um sobrevoo em uma região inóspita, na Crimeia. Sobreviveu, mas ficou gravemente ferido e queimado. Foi salvo por uma tribo nômade que o resgatou dos destroços

---

matéria em transformação. O feltro também foi recorrente em suas ações. É feito de diversos tipos de fibras prensadas, e além de ótimo isolante térmico, "possui a dimensão simbólica de cura de uma grave lesão". Renato Cohen, às vezes em aula, utilizava-se do feltro para proteger seus alunos performers: cobria-os para que eles se recompusessem após uma cena forte ou experiência catártica, ou cortava a cena com esse potente isolante.

21 Colagem, pintura, escultura, desenho, cartão postal, objetos, ambiente, música, instalação, vídeo, fotografia, serigrafia, participação de animais (cavalo, lebre, coiote).

22 S. Mello, 1986: Morre Artista Alemão Joseph Beuys, op. cit.

23 Ver Benjamin H. D. Buchloh, Beuys: The Twilight of the Idol, *Artforum*, v. 5, n. 18. "Buchloch metodicamente lança dúvidas sobre qualquer episódio sobre Beuys e suspeita que ele tenha 'planejado deliberadamente' a sua própria lenda." A. Borer, *Joseph Beuys*, p. 12. "Seja quais forem as reservas que se possa ter em relação à lenda, ela precede todo comentário, que é reabsorvido por ela, continuando a alimentá-la". Idem, p. 13.

A TRAVESSIA: O ATALHO MAIS COMPRIDO A SE FAZER   91

e tratou suas feridas com gordura e feltro. "Eu estava completamente enterrado na neve. Foi assim como os tártaros me acharam dias mais tarde [...] eles cobriram meu corpo com gordura para ajudá-lo a recuperar o calor e me envolveram em feltro como isolante para manter o calor"[24].

Esse evento foi o símbolo de um novo momento em sua vida, e a gordura e o feltro passaram a fazer parte dos materiais que Beuys usaria em suas obras. O próprio Beuys "designou o tempo de guerra uma experiência cultural e como artista pôde incorporá-la na sua obra"[25]. Fatos e acontecimentos fazem parte da obra de Beuys. Cada material remetia ao seu passado, e, com o uso continuado, ganha simbolismo pessoal.

Nesse sentido, Beuys é fundamental para entendermos a construção do artista enquanto performer, o cozimento performático da autobiografia e o trabalho de levantamento da mitologia pessoal na obra de Renato Cohen.

A mitologia pessoal, na linguagem de Renato Cohen, era um trabalho de construção de valor e sentido para as experiências do performer (fossem elas verdadeiras, criadas para tanto ou inventadas. Elas eram "levantadas"). Assim, autobiografia[26] e fatos da vida são parte do texto (ou do subtexto) da performance, e não fatos verossímeis e verificáveis. A mitologia pessoal era uma forma de fazer com que as experiências pessoais e a própria "pessoa" de cada um fossem traduzidas para um universo comum, comunicável e artístico. Ao mesmo tempo, o performer criava com isso forças simbólicas, sentidos internos, língua e referências sincrônicas, construindo uma forma específica de responder a situações performáticas, de forma performática[27]. "O processo

24 J. Beuys apud C. Tisdall, *Joseph Beuyes*, p. 16.
25 H. Stachelhaus, *Joseph Beuys*.
26 O tema da autobiografia é profícuo. Seria muito interessante ser aprofundado. A literatura é um ótimo lugar para pesquisar a autobiografia e até mesmo a ideia de persona. Ora, até a questão da autoria já vem sendo discutida pela literatura pelo menos desde 1960. Ver, por exemplo, R. Barthes, A Morte do Autor, *O Rumor da Língua*. Ao mesmo tempo, as teorias e práticas feministas são, desde 1960, fundamentais para se pensar a vida pessoal, política e pública da pessoa. Infelizmente, não cabe aqui fazer esse mergulho.
27 A noção de "cura" é incorporada tanto em Beuys quanto em Cohen. Mas no caso específico de Renato, entendemos a cura como transformação, mudança. Não se trata de uma "cura pessoal": a arte é expressão, tem forma, troca. O público é o vértice fundamental desse entendimento de transformação.

de criação tem uma componente irracional na elaboração e outra racional na justaposição e na colagem dos quadros que vão compor o espetáculo. Nesse momento o ator passa a funcionar como uma espécie de 'totem', carregador de signos"[28].

Não se tratava de um trabalho do qual já se sabia o procedimento: a experiência dos ensaios, trabalhos, encontros e performances funcionava como um direcionamento para a persona, como confirma Elisa Band, em entrevista de 27 de janeiro de 2010[29]: "De você seguir pistas, indícios, vestígios, pegadas. Não tinha uma forma a priori que a gente ia ter que fazer. A coisa se dava pela experiência, por esses indícios, e aí a forma ia se configurando ao mesmo tempo que as nossas experiências iam acontecendo".

Há vários processos e práticas que permitem levantar a mitologia pessoal do performer, e Cohen era especialmente hábil em descobrir qual era a forma de cada um. Ele também inventava e experimentava bastante a cada processo, fosse em laboratórios de body art, em que o corpo do performer era trabalhado, fosse com materiais básicos, orgânicos, matéria-prima para imantar ou carregar de sentido ações performáticas (e nesse sentido a referência a Beuys era constante). Cohen pesquisava permanentemente, e sua experimentação abria espaço para a construção de cada um dos performers com quem trabalhava. A relação do performer em seu contexto, corpo e pessoa são a base do procedimento: "Ao criador contemporâneo lega-se portanto, de um lado, a extrema experimentação e busca pessoal, nos complexos territórios da *trauerspiel* (tragédia da existência) apontados por Benjamim, por mecanismos que se direcionam para a construção de uma mitologia pessoal, e, de outro, o contato premente com as novas técnicas, que antes de obliterar os sentidos propõe a ampliação do *télos* humano"[30].

Cohen também trabalhava com a dança pessoal de cada um, "que era única e que se valia de estímulos diferentes para

---

28 R. Cohen, *Performance como Linguagem*, p. 106.

29 Trabalhou em *KA* (1997), e atualmente é *dramaturg* da Cia. Ueinzz.

30 R. Cohen, Pós Teatro: Performance, Tecnologia e Novas Arenas da Representação, *Anais do III Congresso Brasileiro de Pesquisa e Pós-Graduação em Artes Cênica*, p. 100.

cada um", como lembra Elisa Band. Dançava-se por muito tempo um tema específico[31].

> No momento que ele propõe tempo de investigação acerca de uma temática, [...] pode-se dizer [...] [que] ele quer entender que na presença do performer, ela [a investigação] é uma condição onde a apresentação no sentido formal [...temporada...], é uma condição de vida e de elaboração num círculo coletivo que transcende o caráter de apresentação. [...] Quando o work in process interessa: ele é sempre mais rico que a apresentação (Arnaldo de Melo, entrevista concedida em 29 de março de 2010).

Outro procedimento para a construção da mitologia pessoal de cada performer era a criação de situações inaugurais. Elas funcionavam como marcos do processo, pontos de mutação, marcas transformadoras. Essas situações podiam inaugurar caminhos, travessias ou processos criativos. Eram propostas diversas que estabeleciam um momento turbulento, eventualmente desestabilizador, funcionando como catalisador de um estranhamento, ou de autoestranhamento. Uma situação inaugural, por exemplo, da Cia. Teatral Ueinzz, acontece em um dos primeiros ensaios, quando Cohen chega com uma mala e diz: "pegue essa mala, vá a algum lugar". Ou no processo de *Gotham* SP, mais especificamente – "desvende este enigma" (a cada dia um enigma diferente). O processo do *Imanência* pode ser entendido como a proposta de uma situação inaugural em si – "fique criando nesse ateliê sem se comunicar, seja observado". Ou no processo de *Hagoromo* – "corte os cabelos careca"; "acampe em uma montanha e só coma arroz por uma semana" etc. Essas situações permitiam sensibilizar o performer, fazendo com que ele mergulhasse na pesquisa, e, a partir disso, começasse a perceber que certas situações da vida cotidiana podem ser boas para o processo criativo.

Nos próprios laboratórios aconteciam às vezes situações inaugurais de um processo. Eram situações criadoras de novos

---

31 "Tinha uma escuta com cada um. E essa escuta não era direta também. A gente nunca fez uma cena que o Renato olhasse pra cena assim [diretamente]. Ele olhava pro lado, ele ouvia, ele gostava de ficar sempre de óculos escuros e falava que gostava de trabalhar essa coisa da luminosidade e da penumbra. Ele dava uns exercícios com as pálpebras semicerradas. Que é pra você ter esse estado de atenção que você vê e não vê direito". Ainda depoimento de Elisa Band, em 27 de janeiro de 2010.

universos de experiência como referência: "Fazer funcionar o acontecimento como portador eventual de uma nova constelação de Universos de referência: é o que viso quando falo de uma intervenção pragmática voltada para a construção da subjetividade, para a produção de campos de virtualidades"[32].

Depois que as situações inaugurais eram experimentadas, a sensação que elas provocavam poderiam ser catalisadoras de uma atmosfera, e, com isso, o processo de construção da persona se fazia profundamente conectado à poética e ao environment da performance. "As entradas das personas eram ritualizadas. Tinha essa coisa da aparição da persona que era importantíssima, e essa aparição daí era algo ritual [...]. Depois tinha um momento de apaziguamento. Muitas vezes eu via a cena do Renato cobrindo alguém com um parangolé" (Cassio Santiago, entrevista concedida em 27 de janeiro de 2010).

As situações inaugurais também poderiam ser bem mais simples. Cohen trazia sempre em sua bolsa uma fita crepe, que ele utilizava em vários processos: durante um laboratório ele dobrava e colava a orelha dos performers, o rosto, ou o corpo, causando uma sensação diferente, estranha, tirando o corpo da normalidade[33].

ESTRANHAMENTO

> Unheimlich *é o nome de tudo que deveria ter permanecido secreto e oculto mas veio à luz.*
>
> SIGMUND FREUD[34]

Podemos ver até aqui que a persona se constrói ao longo do processo criativo. Seus desdobramentos se darão ao longo do work

---

32 F. Guattari, *Caosmose um Novo Paradigma Estético*, p. 30.
33 "A sensação é mestra em deformações, agente de deformações do corpo." G. Deleuze, *Francis Bacon, Lógica da Sensação*, p. 43. Na dissertação de Samira Brandão (2005) há vários registros de procedimentos e exercícios interessantes. Elisa Band relata: "Ele adorava fazer essas vivências que você passava por uma experiência difícil, limite [...]. E se não era difícil o Renato criava. Teve uma vez que ele jogou um carretel gigante em cima de todo mundo. [...] E realmente a gente teve que sair correndo se não a gente podia morrer ou se machucar porque eram aqueles carretéis de empresa de telefonia [...]. A gente tava descendo uma montanha e ele jogou" (entrevista concedida em 27 de janeiro de 2010).
34 *Obras Psicológicas Completas*, V XVII.

in process. O estranhamento tanto permeia como abre espaço para que se dê o trabalho da persona. "A partir dessas duas especificidades de aproximação (campo 'para', *mythos*), iremos trabalhar um operador – o estranhamento – como chave de tráfego entre esses dois universos (*mythos*/logos, consciente/inconsciente) e uma busca: a do campo numinoso […], dos epifenômenos, enquanto representação".[35]

O estranhamento pode ser entendido como um dispositivo fundamental, apesar de nem sempre explícito. Estranhar a si mesmo é fundamental para provocar um deslocamento interior no corpo do performer. O trabalho funciona a partir de elementos de desestabilização, que fazem com que o performer não se cristalize nem se perca em seu ego. Isso significa manter sempre um movimento interno e externo, de olhar aberto para si mesmo[36]. Estamos falando de uma capacidade antropológica de estranhar a si mesmo (tal como discutido no trecho "Erro", do segundo capítulo deste livro), feita de desvios e deslocamentos internos. *Umheimlich* carrega uma ambiguidade: aquilo que é familiar e aquilo que é estranho. Aquilo que temos dentro de nós e que causa estranheza. O Outro em nós mesmos[37]. Há também o sentido moderno de estranhamento, desde Baudelaire (no choque) até as vanguardas russas, rumo ao fim dos automatismos na leitura dos signos da arte e da vida urbana.

Existe grande perigo em se trabalhar com o estranhamento. Ele pode vir como desestabilizador vital, sem volta. Ou seja, o jogo com o estranhamento é também parte do jogo com o erro. Trabalhar com o estranhamento durante os laboratórios é uma forma de preparação para o caos e a catástrofe, possíveis durante a performance. É um exercício para estar afiado para o improviso (o improviso pode vir de uma catástrofe). Mas também um

---

35 Mais uma vez, aqui entendemos o campo "para" como um espaço crítico e cético de trabalho de pesquisa. Ver R. Cohen, *Work in Progress na Cena Contemporânea*, p. 62.

36 Elisa Band fala em experiências transformativas, no descobrimento de "lado oculto", "profundeza", "me laçar", "mergulho pessoal", "vertigem", "cavar em você mesmo", "descobrir meu segredo", o "lado oculto", como trabalho da construção da pessoa: "Sim, é isso a construção. Era uma lapidação existencial e não técnica. Essa lapidação ia acontecendo. A gente passava por experiências. Tinha o lado formal também" (Entrevista já citada).

37 Ver S. Freud, O Estranho, *História de Uma Neurose Infantil e Outros Trabalhos*, v. XVII.

exercício para olharmos as coisas de forma diferente, para deslocar o corpo e o olhar, para tirar o corpo do seu lugar comum[38], dentro e fora de laboratórios: as vicissitudes e o tempo real são nevrálgicos para entender persona em Cohen. A questão não é apenas o estranho, mas o estranhamento, como atitude.

Esse estranhamento pode levar a operações diferentes daquilo que se espera. É preciso aguçar sentidos, observar coisas que antes não eram importantes, olhar o todo, procurar configurações e *gestalten* e usar o corpo. Nesse sentido, o estranhamento abre novos espaços: "A cena do estranhamento remete ao avesso, ao transverso, ao inusual. [...] Instaura, na sua ruptura com representações habituais, uma ampliação de territorialidades, tanto imagéticas quanto psíquicas, pela exteriorização e representação de imagens internas (caminho do expressionismo e, contemporaneamente, do Buthô)"[39].

Cohen parece sugerir que a própria epifania é um momento estranho[40]. No tempo do real surgem eventos inesperados, fatalidades que são assumidas e levadas ao grau poético, portanto, por um triz são momentos irresgatáveis. O trabalho do performer até a persona tem o ritmo de uma caminhada. O atalho conhecido é, na verdade, o caminho mais complexo, que passa pela alteridade.

Gilles Deleuze, discutindo a obra de Francis Bacon[41], pretende pensar formas de escapar da representação chamada clássica na pintura. Não trata de elementos visuais apenas, mas de forças que trabalham o corpo todo, atingindo o sistema nervoso, e transformando o movimento. No caso de Bacon, o "diagrama" faz uma ruptura com a figuração. Durante a pintura, em erros sistemáticos, o artista inscreve traços manuais[42] que

---

38 O estranhamento leva a sensações diferentes. Sensação "é ser-no-mundo, como dizem os fenomenólogos: ao mesmo tempo eu *me torno* na sensação e alguma coisa acontece *pela* sensação, um pelo outro, um no outro. [...] É o mesmo corpo que dá e que recebe a sensação, que é tanto objeto quanto sujeito". G. Deleuze, op. cit., p. 42.

39 R. Cohen, *Work in Progress na Cena Contemporânea*, p. 62-63.

40 Ver o quarto capítulo do livro *Work In Progress na Cena Contemporânea*. Epifania é o "paradoxal, desvelamento daquilo que não pode ser contemplado".

41 Cf. G. Deleuze, *Francis Bacon, Lógica da Sensação*.

42 "O diagrama [...] [constitui] uma zona absoluta de indiscernibilidade ou de indeterminação objetiva, que opõe e impõe à visão uma potência manual como potência estrangeira. O diagrama nunca é efeito ótico, mas potência manual

divergem daqueles componentes da figura e surgem como uma catástrofe, como se ele se permitisse o descontrole: "a mão do pintor interpôs-se para abalar sua própria dependência e desfazer a organização soberana ótica: nada mais se vê, como uma catástrofe, um caos"[43]. Traços e marcas são reinjetados em um conjunto visual, e o desdobramento do trabalho de Bacon não é mais um quadro figurativo, mas figural – como um borrão de onde tudo começa, dele surge algo de outra natureza (ou relações diferentes) – surge a *figura*. "O diagrama é um caos, uma catástrofe, mas também um germe de ordem ou de ritmo. É um violento caos em relação aos dados figurativos, mas é um germe de ritmo em relação à nova ordem da pintura: ele 'abre domínios sensíveis', diz Bacon"[44].

Ora, de certa forma essa ideia se assemelha à proposta de Cohen. Poderíamos pensar no processo criativo do work in process, feito como travessia, em que o diagrama é o estranhamento, ou as vicissitudes do processo, os erros, causando desvios na obra. O estranhamento induz a essas zonas de indiscernibilidade, onde as relações entre as coisas são borradas[45]. Pode levar a operações diferentes daquelas de costume. Com o estranhamento, abre-se um leque de figuras internas, coesas ou não. É o caminho para a persona. Esse estranhamento não necessariamente se expressa, pois ele não está na superfície do performer, mas em sua profundidade.

---

desenfreada. É uma zona frenética onde a mão não é mais guiada pelo olho e se impõem à visão como uma outra vontade, que se apresenta como acaso, acidente, automatismo, involuntário. [...] Com efeito, o diagrama é uma parada ou repouso nos quadros de Bacon, [...] um repouso cercado pela maior agitação, ou que cerca, ao contrário, a vida mais agitada". Idem, p. 137.

43 Idem, p. 103.

44 Idem, p. 104.

45 "O diagrama agiu, portanto, impondo uma zona de indiscernibilidade ou de indeterminalidade objetiva entre duas formas, onde uma não é mais e a outra não é ainda: ele destrói a figuração de uma e neutraliza a da outra. E, entre as duas, ele impõem a Figura em suas relações originais. Certamente há mudança de forma, mas a mudança de forma é deformação, quer dizer, criação de relações originais que se substituem à forma: a vianda que escorre, o guarda-chuva que engole, a boca que se denteia. Como diz uma canção, *I'm changing my shape, I feel like an accident*. O diagrama induziu ou distribuiu por todo o quadro as forças informais com as quais as partes deformadas estão necessariamente em relação, ou para as quais as partes deformadas servem de 'lugares'". Idem, p. 158.

É como o nascimento de outro mundo. Pois essas marcas, esses traços, são irracionais, involuntários, acidentais, livres, ao acaso. Eles não são representativos, não ilustrativos, não narrativos. [...] São traços de sensação, mas de sensações confusas. [...] Essas marcas manuais quase cegas testemunham, portanto, a intromissão de um outro mundo no mundo visual da figuração. [...] A mão do pintor interpôs-se para abalar sua própria dependência e desfazer a organização soberana ótica[46].

FIGURAS

Uma forma de entender a persona performática é como *figura*, nos termos de Deleuze. A figura pode indicar, ao invés de imitar – rompe a representação. Corpo e voz podem ser utilizados como materiais. A figura possui coerência nela mesma, singularidade; ela possui a força de uma aparição, que atualiza poeticamente um tema-imagem sensível, independente de uma permanência.

A figura surge com a violência da sensação, que coloca todo o corpo em movimento[47]. O performer, através da persona, não deve nada a um modelo, mas deve assumir a responsabilidade (difícil) de seu próprio corpo. É necessário que uma força se exerça sobre um corpo para que aconteça transformação[48], "para que haja sensação"[49]. O rock tem o mesmo sentido na construção da persona: tanto quanto no punk, não há necessariamente um porquê para a performance, mas há uma força interna – *inner* – que o cria e sustenta, e que move todo mundo em volta. É essa mesma força que impele o performer a agir.

As figuras de Bacon não contam histórias; as personas de Cohen criam relações sem necessariamente apresentar uma narrativa, estão mais próximas da paisagem. A construção da persona é também, como já colocamos, um passeio interno da pessoa,

---

46 Idem, p. 103.
47 "A violência do representado (o sensacional, o clichê) opõe-se à violência da sensação, que se identifica com sua ação direta sobre o sistema nervoso, os níveis pelos quais ela passa e os domínios que atravessa: sendo Figura, ela não deve nada à natureza de um objeto figurado. É como em Artaud: a crueldade não é aquilo que se pensa e depende cada vez menos daquilo que é representado". Idem, p. 46.
48 "Bacon se aproxima de Artaud em muitos pontos". Idem, p. 52.
49 Idem, p. 63.

como é a construção da figura de Bacon: "movimento no próprio lugar, um espasmo, que dá testemunho de um problema característico [...]: a ação de forças invisíveis sobre o corpo (daí as deformações do corpo graças a essa causa mais profunda"[50]. Há algum movimento interno da persona, de contração e expansão, que conecta os planos da cena e os faz fundir, e que faz ainda com que isso e todas as partes da performance (luz, som, texto, público etc.) se tornem sensíveis ao público.

Essa experiência tem materialidade, formatação, environment, texto. Para Deleuze, o pintor não pinta sobre um quadro em branco. Nem o performer pinta sua persona sobre um corpo neutro. É necessário limpar, escolhendo o interessante, para seguir[51]. Ou, como dizem que Beuys fez, inventar o interessante.

Deleuze aponta ainda a necessidade de uma preparação para operar esse processo, que inclui o trato específico com o acaso, como ato e como escolha[52]. Esse trato específico com o acaso tem algo a ver com o cuidado de não se perder no diagrama, no caos, na sensação que permanece em estado confuso. É preciso ter controle do traço irracional e da linha sem contorno – é o velho problema de como criar um "corpo sem órgãos" e não sucumbir[53] – a abertura para esse jogo é perigosa e exige responsabilidade do performer de ser o que é. "Surgir da catástrofe..."[54] e fazer retornar à cena o performer como

50 Idem, p. 49.
51 "O pintor não tem que preencher uma superfície em branco, mas sim esvaziá-la, desobstruí-la, limpá-la. [...] Ele pinta sobre imagens que já estão lá, para produzir uma tela cujo funcionamento subverta as relações do modelo como cópia. Em suma, o que é preciso definir são todos esses 'dados' que estão na tela antes que o trabalho do pintor comece. E, entre esses dados, quais são um obstáculo, quais são uma ajuda ou mesmo os efeitos de um trabalho preparatório". Idem, p. 91.
52 "Será preciso fazer rapidamente 'marcas livres' no interior da imagem pintada para destruir a figuração nascente e dar uma chance à Figura, que é o próprio improvável. [...] Ele [o pintor] se servirá das marcas manuais para fazer surgir a figura da imagem visual. Do princípio ao fim, o acidente, o acaso nesse segundo sentido, terá sido ato, escolha, um determinado tipo de ato e de escolha. O acaso, segundo Bacon, não é separável de uma possibilidade de utilização. É o acaso manipulado, diferente das probabilidades concebidas ou vistas". Idem, p. 97.
53 Ver C. S. Quilici, *Antonin Artaud: Teatro e Ritual*.
54 "É preciso, portanto, que o diagrama não corroa todo o quadro [...]; que os meios violentos não se desencadeiem e que a catástrofe necessária não inunde tudo. O diagrama é uma possibilidade de fato, e não um fato em si mesmo. [...] Uma nova figuração, a da Figura, deve surgir do diagrama, conduzindo

persona. "O essencial do diagrama é que ele é feito para que alguma coisa surja, e ele fracassa se nada surgir. E o que surge do diagrama, a Figura, surge ao mesmo tempo gradualmente e de uma só vez, assim como em Pintura, onde o conjunto é produzido de uma única vez, ao mesmo tempo que a série é construída gradualmente"[55].

Com esta citação, lembramos de vários temas trabalhados até agora: o estranhamento que inicia um movimento, uma sensação; a epifania, como surgimento; o erro; a persona, que surge junto à obra, em performance, que se dá em work in process. Pode-se dizer que os atalhos utilizados por Renato têm semelhança com o que Deleuze percebe na trajetória de Bacon, feita através da diferença: "O programa de Bacon: produzir semelhança por meios não semelhantes"[56]. Poder-se-ia dizer sobre Renato: criar a persona a partir da ideia do Outro, ou no outro que está no performer de si mesmo.

É importante lembrar ainda que um dos capítulos finais da *Lógica da Sensação* chama-se, não por acaso, "A Travessia de Bacon". Deleuze propõe uma ideia que nos interessa: "'Fato' significa, antes de tudo, que várias formas são efetivamente apreendidas numa mesma Figura, indissoluvelmente, tomadas numa espécie de serpentina, como acidentes necessários que subiriam na cabeça ou nas costas uns dos outros"[57].

POLIFONIA: PUXADINHO DO MEU CORPO

Uma estrada é uma casa de morar sonho

JOSÉ GODOY GARCIA

A persona performática, que atualiza repertórios diante do outro – passado, presente e futuro ao mesmo tempo, como indica Paul Zumthor, em *Performance, Recepção e Leitura* – é portadora

---

a sensação ao claro e ao preciso. Surgir da catástrofe… Mesmo que se acabe com um jato de tinta posterior, é como uma 'chicotada' local que nos faz sair, em vez de nos afundar". G. Deleuze, op. cit., p. 112.

55 Idem, p. 160.

56 Idem, p. 159.

57 Idem, p. 160.

A ideia de alteridade e de potência polifônica. Estas questões fazem parte não somente do universo artístico, mas de uma história e de um discurso contemporâneo[58], no qual a noção de performance está envolvida.

A ideia de polifonia foi desenvolvida por Bakhtin em seu famoso texto *Problemas da Poética de Dostoiévski*. Nesse texto, ele argumenta que no interior da obra de Dostoiévski existem vozes em equivalência de forças, não organizadas sob uma hierarquia, nem sob uma voz externa (do autor da obra) ou interna[59]. São múltiplas consciências, independentes e autônomas umas das outras. As vozes se dão no contato com o outro: elas convivem, interagem, e assim se desdobra o diálogo.

A forma polifônica da persona é criada em continuidade, e dá continuidade à forma polifônica do work in process. Ela está presente na construção do texto das performances de Cohen, que tem origens diversas ao longo do processo (essa discussão se desdobra na questão da autoria). Nesse work in process trata-se de processos derivativos e de desconstrução, da cena do múltiplo, e da pluralidade de referências e textos semióticos[60]. A polifonia está no processo de linguagem e também na ideologia do processo.

---

58 Ver por exemplo James Clifford, em *A Experiência Etnográfica*, que trabalha uma história do sujeito, e do sujeito como objeto na antropologia.

59 "A multiplicidade de vozes e consciências independentes e imiscíveis e a autêntica polifonia de vozes plenivalentes constituem, de fato, a peculiaridade fundamental dos romances de Dostoiévski. Não é a multiplicidade de caracteres e destinos que, em um mundo objetivo uno, à luz da consciência una do autor, se desenvolve nos seus romances; é precisamente a multiplicidade de consciências equipolentes e seus mundos que aqui se combinam numa unidade de acontecimento, mantendo a sua imiscibilidade. Dentro do plano artístico de Dostoiévski, suas personagens principais são, em realidade, não apenas objetos do discurso do autor mas os próprios sujeitos desse discurso diretamente significante". M. Bakhtin, *Problemas da Poética de Dostoievski*, p. 4.

60 "Em semioses que incorporam o dialogismo com o modelo predominante propõem-se uma 'Estética da Diferença' com os dispositivos rizomáticos de Deleuze apontando leituras para a complexidade contemporânea e estabelecendo contrapartidas ao cânone cênico estruturalista. [...] Os modelos teóricos que consubstanciam essa cena passam, portanto, pelos procedimentos de intertextualidade, desconstrução e hibridização. Privilegiando sincronia e geografia de associações [...], a *écriture* contemporânea externa-se na *jabberwocky* criativa, em associações minimais de imagem, dissonância e antinomia". R. Cohen, Cartografia da Cena Contemporânea: Matrizes Teóricas e Interculturalidade, *Revista Sala Preta*, ano 1, n. 1, p. 108.

Há uma multiplicidade de vozes autônomas que não são consonantes sempre. Na Cia. Teatral Ueinzz, por exemplo, vemos diferentes vozes, com diferentes falas. Cada fala conta a história de *Gotham* SP de uma perspectiva e forma diferente. Há ainda diversas histórias para se contar o que é o Ueinzz. Sobre *Imanência*, nas entrevistas também vemos uma profusão de vozes. Um diz que só ele esteve em imanência "de verdade", da forma como deveria ser. Outro fala em um dia específico, como o momento de conquista depois de um longo processo. Outro fala em um trabalho mais contínuo, outro apenas "mexeu em suas coisas". E outro mais fala que o evento não aconteceu como deveria.

As novas estruturas textuais perpassam o uso do intertexto – enquanto fusão de enunciantes e códigos; a interescritura – onde a mediação tecnológica (rede Internet) possibilita a coautoria simultânea; o texto síntese ideogramático – na fusão das antinomias; o texto partitura –, inscrevendo imagem, deslocamento, sonoridades e a escritura em processo que inscreve temporalidade, incorporando acaso, derivação e simultaneidade. Na composição do texto espetacular – em inter-relações de autoria, encenação e performance – o hipertexto sígnico estabelece a trama entre o texto linguístico, o texto *storyboard* – de imagens, e o texto partitura –, geografia dos deslocamentos espaço-temporais.

[...] Axiomaticamente estão em jogo três vozes que agenciam texto, lugar e presença – a voz do texto autoral, apriorística, a voz do performer/ator, e a voz do encenador, organizador da *mise-en-scène* expressiva. No contemporâneo, a voz do encenador, que geralmente é o criador, acumulando autoria, ganha preponderância, priorizando-se o work in progress criativo, na incorporação de intensidades, polifonias, na hibridização dos textos da cultura. Insemina-se, de outro lado, uma quarta voz expressiva – a voz do receptor-autor – vias da interatividade em que essa participação cresce, interferindo, mediando e criando textos numa série de manifestações[61].

Cohen se sustenta nas teorias pós-estruturalistas e em autores como Paul Zumthor, que destacam "o caráter nômade da cultura". A forma da performance de Cohen é polifônica. Mas a própria persona é em si polifônica. Há uma mistura entre o

---

61 Idem, p. 109.

performer e sua linguagem. Isso porque "na performance as funções do artista, autor e persona estão fundidas. Além disso, a fusão do autor e performer é ainda mais complicada pela imbricação do sujeito e do objeto, tanto pelo uso do corpo como lugar de representação quanto pelo emprego frequente de material autobiográfico"[62].

A persona é polifônica na medida em que é constituída durante o processo, num diálogo interior entre o sujeito e o outro. Ela carrega vários dentro de si, como o protagonista HCE (Here Comes Everybody, ou Harold ou Humphrey Chimpden Earwicker, ou Mr. Makeall Gone etc.), do *Finnegans Wake*, de James Joyce, que formam juntos uma multidão. O corpo, a materialidade é, nesse sentido, o lugar de trabalho dessa multidão, em que várias contradições acontecem. É polifônica, pois nasce do híbrido entre várias camadas de máscaras, pessoas e performer em cena, em processo, na travessia.

Há um descentramento do sujeito na subjetividade, que é polifônica, parcial, coletiva: "um conjunto das condições que torna possível que instâncias individuais e-ou coletivas estejam em posição de emergir como *território existencial* autor-referencial, em adjacência ou em relação de delimitação com a alteridade, ela mesma subjetiva"[63]. A persona estabelece relações com uma alteridade ela mesma subjetiva. Essa multidão interna em diálogo, nascida do híbrido[64], em polifonia, faz com que essas vozes se tornem a própria voz da persona, como diz Ana Bernstein em obra já citada.

A noção de *gestalt* é interessante para aguçar a análise da composição da persona como um quadro, um estado performático. Também é assim a noção de montagem. Segundo

---

62 A. Bernstein, A Performance Solo e o Sujeito Autobiográfico, *Revista Sala Preta*, ano 1, n. 1, p. 92.

63 F. Guattari, *Caosmose um Novo Paradigma Estético*, p. 19.

64 Cassio, em entrevista concedida em 27 de janeiro de 2010, fala da problemática do híbrido na construção das personas em *Ka* (1997): "Mas *Ka* tem muito de carnaval, [...], figuras enigmáticas, de difícil tradução, ou figuras híbridas também apareciam muito, essa hibridização... E a própria ideia de interpretação, de atuação, de performação, nascia dessa ideia. Nascia dessas personas. Dessa ideia de hibridização. Essa ideia de híbrido que são duas coisas, que é uma, mas as duas conservam as suas qualidades originais, elas se transformam em uma terceira coisa, mas elas continuam sendo... E essa ideia de hibridização está ligada à ideia de colagem".

Taussig[65], a montagem permite a "capacidade [...] de provocar súbitas e infinitas conexões entre dessemelhantes, em um processo interminável, ou quase, de estabelecimento e ruptura de conexões". Isso nos interessa na medida em que a persona cênica expressa idiossincrasias (diversas ou divergentes) de cada ator, que são organizadas e desorganizadas por colagens e montagens. Estas idiossincrasias promovem a força polifônica de diferentes discursos que aguçam a sensibilidade. São múltiplas vozes que não se calam, nem permitem que um único discurso seja fixado, tanto em relação à identidade, quanto em relação à própria performance e o que ela conta.

Assim, a persona articula elementos (textos, referências, personagens, cores, objetos, ela mesma etc.) em uma polifonia. Tem a facilidade de tomar algo para si que lhe interessa e, no instante seguinte, abandonar, como se fossem forças que lhe atravessam. Ela faz essa articulação sem o compromisso de formar um todo unificado, numa coerência interna não necessariamente psicológica. Faz por justaposição, por similaridade.

A persona é um híbrido: mantém características de cada pessoa, de um e de outro inteiro, ou seja, não é um todo homogêneo. É uma multidão em dinâmica[66]. Não se trata de uma pessoa despedaçada, nem de "fichas informacionais" de personagens, mas uma multiplicidade heterogênea em relação. São peças em relação. Não há contornos sólidos, é uma multidão em relação. A persona possui superfície móvel, ou pelo menos mais porosa, e se mistura pela lógica do contágio, segundo Deleuze, em *Francis Bacon, Lógica da Sensação*. Nessa heterogeneidade, há um potencial de mistura, de constituição de hibridismos, inter-relações que enriquecem a persona. As relações dessa multidão podem ser diversificadas. A persona performática tem de trabalhar e viver suas contradições, abrindo mão de um equilíbrio definitivo, como sugere Guattari, em *Caosmose um Novo Paradigma Estético*. Em relação constante com outros, com o espaço e com o contexto, ela reflete sobre si mesma e trabalha

---

65 *Mimesis and Alterity a Particular History of Senses*, p. 416.
66 O Coletivo "deve ser entendido aqui no sentido de uma multiplicidade que se desenvolve para além do indivíduo, junto ao *socius*, assim como aquém da pessoa, junto a intensidades pré-verbais, derivando de uma lógica dos afetos mais do que de uma lógica de conjuntos bem circunscritos." F. Guattari, op. cit., p. 20.

sobre sua condição ambígua, metalinguística, explicitamente. A persona vive na cena, através de uma consistência autopoiética, de constelações singulares em dinâmica, imanência processual.

O processo de construção da persona de Cohen vincula-se à preocupação de Guattari no sentido de estabelecer outra relação com a dimensão estética[67]. Ampliar a dimensão estética pode significar uma abertura de espaço, no sentido de ampliar a relação entre arte e vida. Isto é, abrir espaço para experimentar com um repertório diverso e intercambiável de materiais e de expressão, com mais permeabilidade para atravessar o social, o pessoal, o econômico, o político, "o que permitia à subjetividade uma polissemia, uma polifonia"[68].

O que importa aqui não é unicamente o confronto com uma nova matéria de expressão, é a constituição de complexos de subjetivação: indivíduo-grupo-máquina-trocas múltiplas, que oferecem à pessoa possibilidades diversificadas de recompor uma corporeidade existencial, de sair de seus impasses repetitivos e, de alguma forma, de se re-singularizar[69].

Essa dimensão estética ampliada aumenta o *índice de vida* do performer. A persona carrega uma polifonia dentro de si, exercida numa horizontalidade de forças nas relações criativas, ou de forças cambiantes. Se levarmos em conta a máxima que diz que o corpo é nossa casa, o corpo do performer é o corpo de morar, de entrar, clareira de abrir, fogo de queimar, morada do estranhar, "estrada de morar sonho" (José Godoy Garcia), corpo em devir[70]. A persona fabrica o efeito de "puxadinho" de um corpo, com "varandas" – além das janelas – e novas passagens entre os cômodos.

---

67 "Teremos como referência a noção de "paradigma estético", proposta por Guattari. Poderíamos dizer que se trata de uma potência de sentir/criar outras composições de forças. O paradigma estético incitaria um desafio: criarmos na atualidade experiências estéticas que estejam em consonância com o que vivemos, mas que, ao mesmo tempo, expressem uma constante luta pela não captura de nossa existência sob a égide de modelos" L. D. Machado; M. C. C. Lavrador, Loucura: Como Dizer O Indizível?, *Texturas da Psicologia: Subjetividade e Política no Contemporâneo*, p. 53.

68 Idem, p. 9.

69 F. Guattari, op. cit., p. 17.

70 Cheguei a esta conclusão a partir de conversa com o poeta Augusto Rodrigues.

Na cena, em estado de presença expandida e interação complexa, porém em fluxo, a persona é como uma plataforma que agencia subjetividades, máquina que opera[71]. A pluralidade de vozes da persona vem também da identificação do performer com outras vozes, que ele toma para si, e a partir de posicionamentos distintos de uma performance para a outra, de um lugar para o outro, física e subjetivamente. A persona vai se transformar (cria-se durante a performance, com a materialidade da experiência performática), dia a dia, e, à medida que o performer se transforma, ele se metamorfoseia e se desloca no processo: "Uma sensação aparece no encontro de um determinado nível da onda com forças exteriores. Um órgão será, portanto, determinado por esse encontro, mas um órgão provisório, que só dura o quanto durarem a passagem da onda e a ação da força, e que se deslocará para se situar em outro lugar[72].

O corpo acumula e atualiza a memória durante a performance: pela força material da imanência da performance[73]. Guattari discute um modo de produção polifônica que nos interessa. Trata-se de uma poética capaz de "catalisar operadores existenciais suscetíveis de adquirir consistência e

---

71 Outra forma de ver a persona pode ser como dipositivo: pode funcionar como uma plataforma de agenciamentos (ao usar as palavras "dispositivo", "plataforma", "agenciamento", não sou fiel ao sentido original, uso um sentido flutuante). Há muitos performers que discutem o estado corporal diferenciado (necessário para a performance), através de uma linha oriental, que é o zen. Marcelo Gabriel, em entrevista concedida em 14 de março de 2008, fala em um trabalho realizado no sentido de "limpar" o corpo, ao caminho do nada, para que a partir daí o performer possa articular as sensações, imagens, matérias de forma livre. O corpo do performer seria como um tubo, onde simplesmente as coisas acontecem e passam, são agenciadas. Em entrevista com Juliano Pessanha (15 de janeiro de 2008), também discutimos o nada: ele falou de certo orientalismo que propõe a desobstrução da flauta (que seria nosso corpo) para que se faça ouvir o som dela. Ele comenta como as pessoas estão ligadas ao seu desempenho, mas, na verdade, para fazer arte, uma performance artística, é necessário estar arruinado, sem medida, sem avaliar a si mesmo e aos outros.

72 F. Guattari, op. cit., p. 53.

73 "Não se trata, então, de Universos de referência em geral, mas de domínios de entidades incorporais que se detectam ao mesmo tempo em que são produzidos, e que se encontram todo o tempo presentes, desde o instante em que os produzimos. Eis aí o paradoxo próprio a esses Universos: eles são dados no instante criador, como heccidade e escapam ao tempo discursivo; são como os focos de eternidade aninhados entre os instantes. Além disso, implicam a consideração não somente dos elementos em situação [...], mas também a projeção de todas as linhas de virtualidade, que se abrem a partir do acontecimento de seu surgimento". F. Guattari, op. cit., p. 29.

persistência"[74]. A persona performática, com sua capacidade de autocrítica e de estranhamento como catalisadores de estados diferenciados, disposta ao erro, está suscetível para "desestabilizar a trama das redundâncias dominantes, ou, se preferirmos, a ordem do clássico"[75]; e no fluxo da cena, pode ser figura virulenta de "enunciação parcial trabalhando como *shifter* de subjetivação. [...] O que importa, primordialmente, é o ímpeto rítmico mutante de uma temporalização capaz de fazer unir os componentes heterogêneos de um novo edifício existencial"[76].

A polifonia está em função do híbrido e da ambiguidade que a persona vive: da emergência contínua de sentidos performados, da produção de sentidos singulares de sua autopoiese. De uma sintonia com músicas de seu eu, de uma rádio interna ("Instinto é a passagem de uma sensação à outra, a busca da 'melhor' sensação"[77]).

Em *Gotham SP* a persona polifônica se faz presente até mesmo com recursos da música (em polissonia), com a mediação do som em vocoder realizada por Sukorski, e, assim, "autoria, performance e recepção combinam-se em novos procedimentos de interatividade e sinestesia"[78].

No contemporâneo tecnologizado as alternâncias entre presença e representação são amplificadas a sua hipérbole, ressoando o já clássico paradigma de Derrida da "ausência da presença". O "aqui-agora" ritualístico é deslocado às montagens disjuntivas propostas pela autoria. A fala viva é mediatizada em sintonias de solilóquios, vozes fantasmáticas, autorais, que timbram uma galeria de personas e simultaneidades atemporais[79].

Essa multiplicidade é sustentada por elementos exteriores para existir enquanto tal: o público. Tudo isso exige do público outra forma de estar presente também[80]. Muitas vezes o público está

---

74 Idem, p. 32.
75 Idem, ibidem.
76 Idem, ibidem.
77 G. Deleuze, op. cit., p. 47.
78 R. Cohen, Cartografia da Cena Contemporânea: Matrizes Teóricas e Interculturalidade, *Revista Sala Preta*, ano 1, n. 1, p. 110.
79 Idem, ibidem.
80 O público não só assiste como participa: "Bakhtin descreve uma transferência de subjetivação que se opera entre o autor e o contemplador de uma obra – o olhador, no sentido de Marcel Duchamp. Nesse movimento, para ele, o 'consumidor' se torna, de algum modo, cocriador" F. Guattari, op. cit, p. 25.

em performance, é colocado em ação, em alteridade com as coisas. "O modo de recepção, passa, portanto da observação de um objeto de arte contido em si e independente de seu criador, para uma relação intersubjetiva com o sujeito encarnado do artista em processo de produção do trabalho, trazendo à luz 'a relação entre visão e significado, entre o ato de fazer e o ser', nas palavras de Kristine Stiles"[81].

O trabalho de Cohen é muitas vezes o de modulador de alteridades. Isso significa uma constante reconstrução de sentidos. Conforme Pelbart, caberia pensar a subjetividade contemporânea a partir de uma tríplice determinação: "a forma-homem historicamente esculpida, as múltiplas forças que batem à porta e põem em xeque essa mesma forma-homem, e a ideia do experimentador de si mesmo"[82]. Compõem-se, na geração da performance, a experimentação de outras formas, a abertura à polifonia e a articulação de tecnologia e política no cotidiano.

A persona está no cerne dos processos de pesquisa e da poética coheniana. Ela conecta em si todos os campos do work in process. Em uma experiência de qualidade específica, num percurso de alteridade, através da autorreflexão, desdobra-se sobre o problema da ação da pessoa em seu contexto e em seu sentido histórico-ontológico. Nesse sentido, abre questões sobre a história da arte. É construída no environment e constrói o environment. Ela cria o environment junto com os outros elementos. Com vida própria, rompe hierarquias e pondera sobre sua própria importância, transfere vida a outros elementos ("o próprio ritmo se tornaria uma figura, constituiria a figura."[83]).

Se levada às últimas consequências, a persona rompe a dualidade entre sujeito e objeto: "É essa transformação interna do indivíduo – e o caráter exemplar dessa transformação – que fornece ao sujeito o discurso narrativo no qual o 'Eu' é ao mesmo tempo sujeito e objeto"[84]. É a implosão sujeito-objeto.

81 A. Bernstein, op. cit., p. 92.
82 P. P. Pelbart, *A Vertigem por um Fio*, p. 13.
83 G. Deleuze, op. cit., p. 76.
84 Starobinski apud A. Bernstein, op. cit., p. 97.

Considerações Finais

> *A própria gênese da enunciação encontra-se tomada*
> *pelo movimento de criação processual.*
>
> FÉLIX GUATTARI[1]

A persona pode ser capturada não exatamente pelo que é, mas nas relações que agencia, como relações de diferenças, entre eu e não eu, eu e o outro, pessoas e pessoas. A persona surge no próprio ato. Trabalha enquanto anda: no percurso. É o *bricoleur*, tal como nos fala Léy Strauss em *O Pensamento Selvagem*, que constrói a partir de pedaços, cujo conjunto deixa explícito e refere-se às partes do objeto de origem. Serve-se de materiais encontrados (que viram seus textos) e trabalha com eles de uma forma específica: percorre o atalho mais comprido, passando pela alteridade.

Ao mesmo tempo em que é polivalente (é várias pessoas ao mesmo tempo, administra contradições, vive estados diferenciados e transitórios durante a performance etc.), a persona traduz tudo isso em ambiguidade profunda. E pode, através do processo performático, da travessia artística, construir uma experiência consistente. Consistente no sentido de ser capaz de mudar as pessoas e transformar a vida. Ou apenas ser capaz de experimentar consistências de vida, vida carregada nas suas várias dimensões.

---

1 *Caosmose um Novo Paradigma*, p. 137.

Essa consistência é possível graças à qualidade autorreflexiva da persona, metalinguística por excelência, produtora de um estranhamento específico, que afeta a si mesma e às outras pessoas. Ela produz olhares através de ângulos únicos, e abre janelas diferentes daquelas que conhecemos no espaço do *entertainment*. A persona é o estado do performer na cena criado a partir da ideia de outros. É a apresentação intencional de si próprio, em sobreposições. Aponta descontinuidades. Revela discursos e histórias, aquilo que é dito "normal" e o próprio sistema de representação. Essa capacidade singular da persona gera muita instabilidade. Não é um processo necessariamente elegante; o estranhamento causa no espaço/tempo uma "turbulência do negativo", segundo Juliano Pessanha. Pode ser um processo angustiante, se não poético. É, sem dúvida, um trabalho no limite da representação: na borda.

A mesma facilidade que Renato tinha para criar atmosferas, ele tinha para abrir personas de pessoas, como se abre harmônicos de notas musicais. No mesmo sentido, uma das formas de entender a persona performática na obra de Cohen é vê-la como se ela fosse um prisma, que abre um leque de cores. Um prisma de pessoas, não em um contínuo, claro e definido (entre pessoa e pessoa, persona, figura, personagem), mas todos os tons da pessoa habitados e vividos em sincronicidade. A persona significa essa multiplicidade, mas principalmente é aquela que atualiza e reinventa continuamente a combinação de acordes e escalas de sua policronia e de sua polifonia. Ela está sensibilizada para ouvir e fazer ser ouvida essa estranha harmonização (de certa forma, é como se a percepção que Renato obtinha das pessoas permitisse a ele fazer aflorar, trazer para o presente essas personas que compunham cada um dos performers). Há vários tipos de personas, o próprio Cohen tratava desse assunto de formas diferentes, pois há várias formas de se chegar a uma persona, várias formas de construção desse estado. Depende da proposta da performance, da intensidade, da pesquisa que leva a vários caminhos, da *gestalt* etc. Tentei apontar nesse texto as duas formas de personas mais diferentes entre si que pude encontrar na obra de Cohen.

Juliano Pessanha afirmou em sua entrevista: "todos falam sobre devir, mas ninguém fala qual seu devir, ou vive um devir".

CONSIDERAÇÕES FINAIS

A persona é o estado performático do devir, da transformação constante, que leva à construção e à dissolução, ao outro. E também a compreensão da perenidade da pessoa. Ao fim e ao cabo, a vida, em sua totalidade, leva ao devir mais forte, à morte. O devir-morte, travessia final, tem o poder de intensificar e condensar a consistência da vida, a experiência do vivido. A morte tão prematura de Renato Cohen traz em si esse aspecto tão impressionante de uma aceleração do devir.

Em um plano de fundo político-antropológico, a persona é também uma forma de se relacionar e de se posicionar na vida. Ela responde muito rapidamente às questões do momento, é uma arte que conecta com a vida de forma muito direta, muito material. Pode funcionar como um exercício para uma postura de estar aberto para o outro, de estranhar suas próprias verdades, como uma atitude diante da existência. É um poder político: viver uma persona, ou "assistir" a uma persona (a recepção e leitura são aspectos interessantes e complexos, temas para outro trabalho), talvez faça as pessoas experimentarem a vida de forma mais verdadeira e direta consigo mesmas, com a responsabilidade de assumir a si mesmo, a seu corpo. É como se posicionar esteticamente de forma ideológica e poética, mesmo que isso seja ridículo ou catastrófico, porque a persona é arroubo, é vida, é morte, numa dor sem piedade e sem culpa. Esse entendimento é real para o performer e para seu público, inclusive porque o espectador é o elemento de referência. A persona cria essa consistência autopoiética, cria constelações de valores, formas, práticas e técnicas singulares de ser:

O novo paradigma estético tem implicações ético-políticas porque quem fala em criação, fala em responsabilidade da instância criadora em relação à coisa criada [...]. Mas essa escolha ética não mais emana de uma enunciação transcendente, de um código de lei ou de um deus único e todo-poderoso. A própria gênese da enunciação encontra-se tomada pelo movimento de criação processual[2].

Renato Cohen possuía uma inquietação pessoal que não o deixava parado em um só caminho. Esse processo era também de autolibertação, de expansão dos domínios e possibilidades.

2 F. Guattari, op. cit., p. 137.

O fenômeno da persona performática acontece em sua totalidade, ou seja, na totalidade da obra performática: no processo, na cena, no environment, na recepção, na leitura. A persona de Cohen só pode ser entendida através do procedimento work in process. Ou ainda: a persona é um dos fortes indicadores da forma performática e da poética de Cohen. A construção deliberada do environment, das cores da performance, das intensidades, da música, só se dá e faz sentido junto à produção da persona – é um processo criativo complexo e que se desdobra sobre si mesmo. Nesse sentido, a construção da persona é uma chave fundamental para compreender a poética de Renato Cohen, que continua em movimento, reinventada a cada leitura.

Bibliografia

DE RENATO COHEN

Obras Individuais

A CENA em Progresso: Linguagens do Contemporâneo. In: MEDEIROS, Maria Beatriz de (org.). *Arte e Tecnologia na Cultura Contemporânea*. Brasília: Editora UNB, 2002.

A CENA TRANSVERSA. *Revista USP*, São Paulo, n. 14, jun.-ago. 1992. (Dossiê Teatro.)

ARTE e DECADÊNCIA: Bella Lugosi is Dead. *Palco e Platéia*, São Paulo, 1987.

CARTOGRAFIA da Cena Contemporânea: Matrizes Teóricas e Interculturalidade. *Sala Preta: Revista de Artes Cênicas*. São Paulo, Ano 1, n. 1, 2001.

DOSSIÊ Fotográfico – Texto – Processos de Criação Hipertexto Ka. *Trilhas*. Campinas, n. 8, 2003.(Revista do Instituto de Artes da Unicamp.)

PERFORMANCE como Linguagem. São Paulo: Perspectiva, 1989.

PERFORMANCE e Contemporâneidade: da Oralidade à Cibercultura. In: PIRES FERREIRA, Jerusa (org.). *Oralidade em Tempo e Espaço: Colóquio Paul Zumthor*. São Paulo: Educ, 1999.

PERFORMANCE e Rede: Mediações na Era da Tecnocultura. Disponível em: <http://www.sescsp.org.br/sesc/hotsites/constelacao/textorede.htm>. Acesso em: 12. fev. 2012. Sítio do evento Constelações, realizado pelo Sesc-SP, 1999.

PERFORMANCE e TECNOLOGIA: o Espaço das Tecnoculturas. *Anais do II Congresso Brasileiro de Pesquisa e Pós-Graduação em Artes Cênicas*. Salvador, v. 2. out. 2001.

PERFORMANCE e Telepresença; Comunicação Interativa nas Redes. *Concinnitas*. Rio de Janeiro, ano 5, n. 6, 2004.

PERFORMANCE e XAMANISMO: Khébnikov e a Mitopoética de Ka. *Trilhas – Revista do Instituto de Artes da Unicamp*. Campinas, n. 8.

PERFORMANCE: Anos 90: Considerações Sobre o *Zeitgeist* Contemporâneo In: TEIXEIRA, João Gabriel L. C. (org.). *Performáticos, Performance e Sociedade*. Brasília: Editora Universidade de Brasília, 1996.

PÓS-TEATRO: Performance, Tecnologia e Novas Arenas de Representação. In: *Teoria Digital: 10 Anos do File*. São Paulo: Imprensa Oficial, 2012. Também disponível em: <http://www.itaucultural.org.br/proximoato/papers_port. cfm?&cd_pagina=1938&CFID=5029991&CFTOKEN=95998467>. Acesso em: 11 jan. 2012. (Sítio do evento Próximo Ato, realizado em 2003.)

RITO, Tecnologia e Novas Mediações na Cena Contemporânea Brasileira. In: Rolla, Marco P. e Hill, Marcos (orgs.). MIP *Manifestação Internacional de Performance*. Belo Horizonte: Ceia, 2005.

RITO, TECNOLOGIA e Novas Mediações na Cena Contemporânea Brasileira. In: ROLLA, Marco P.; HILL, Marcos (orgs.). *MIP Manifestação Internacional de Performance*. Belo Horizonte: Ceia, 2005.

RITO, TECNOLOGIA e Novas Mediações na Cena Contemporânea Brasileira. In: TORO, Alfonso de (org.). *Dispositivos Espectaculares Latinoamericanos: Nuevas Hibrididaciones – Transmedializaciones – Cuerpo*. Hildesheim/Zurich/ Nova York: Georg Olms Verlag, 2009.

RITO, Tecnologia e Novas Mediações na Cena Contemporânea. *Sala Preta*. São Paulo, ano 3, n. 3, 2003.

TEATRO (Contemporaño: Matrices Teóricas y Transculturalidad In: TORO, Alfonso de (org.). *Estrategias Postmodernas y Postcoloniales en el Teatro Latinoamericano Actual*. Madrid/Frankfurt/Main:: Iberoamericana/ Vervuert, 2004.

TEATRO DO INCONSCIENTE. *Teatro Al Sul Revista LatinoAmericana*. n. 20, out. 2001.

TERRITÓRIOS Para-Teatrais. *I Congresso Brasileiro de Pesquisa e Pós-Graduação em Artes Cênicas*. Anais… Salvador, [s.n.] 1999.

WORK IN PROGRESS *na Cena Contemporânea*. São Paulo: Perspectiva, 1998.

XAMANISMO e TEATRALIZAÇÃO: Ka e as Mitopoéticas de Khébnikov. *Cadernos da Pós-Graduação*. Campinas: Instituto de Artes/Unicamp. v. 4, n. 1, 2000.

Em Colaboração

_____; AGRA, Lucio; LEITÃO J. de Sá. Criação em Hipertexto: Vanguardas e Territórios Mitológicos. In: LEÃO, Lúcia. (org.). *Interlab: Labirintos do Pensamento Contemporâneo*. São Paulo: Iluminuras/Fapesp, 2002, v. 1.

_____; GUINSBURG, J. Do Teatro à Performance: Aspectos da Significação da Cena. In: GUINSBURG, Jacó. *Diálogos sobre Teatro*. Org. Armando Sérgio da Silva. 2. ed. revista e ampliada. São Paulo: Edusp, 2002.

BIBLIOGRAFIA   115

Entrevistas

BARRIGA, Merle Ivone. In: Territórios e Fronteiras da Cena: Revista Eletrônica de Artes Cênicas, Cultura e Humanidades. www.eca.usp.br/tfc

BOUGER, Cristiane. Entrevista para o Módulo de Iluminação, Curitiba, Faculdade de Arte do Paraná – FAP, abr. 2001. Disponível em: <www.cristianebouge.com.br/_articles/articles_/Bouger_Cohen_2001.pdf>.

COHEN, Renato. O Que é Loucura? *Revista* PUC *Opinião*. Sem data.

GRANERO, Maria Victoria Vieira Machado. *Aventura do Teatro da Bauhaus*. Tese de doutorado. São Paulo, Eca-Usp, 1995.

O ESPELHO VIVO: Processos Criativos. *Revista Arte São Paulo*

PROJETO *Narrativas em Mídias Eletrônicas. Análise Estética e Sociológica.* Disponível em: www.eca.usp.br/narrativas

GERAL

AGRA, Lucio. "(R)Entre dans la Vif de l'art" / "(Re)viewing Live Art". *Parachute Revue d'Art Contemporain.* Canadá, n. 116, 2004.

_____. "Renato Cohen: Memória Afetiva 1.0. *Concinnitas,* Rio de Janeiro, Ano 5, n. 6, 2004.

_____. Autor/Autores: Performance no Coletivo ou de Como a Reencenação da Performance é um Fator Estratégico para sua Pedagogia. *Sala Preta.* São Paulo, n. 8, 2008.

AGAMBEN, Giorgio. *La comunità che viene.* Torino: Einaudi, 1990.

BAKHTIN, Mikhail. *Problemas da Poética de Dostoiévski.* Trad. Paulo Bezerra. Rio de Janeiro: Forense Universitária, 2008.

BARTHES, Roland. "Diderot, Brecht, Eisenstein". *Óbvio e Obtuso: Ensaios Críticos.* Rio de Janeiro: Nova Fronteira, 1990.

_____ . *O Rumor da Língua.* São Paulo: Martins Fontes, 2004.

BERNSTEIN, Ana. A Performance Solo e o Sujeito Autobiográfico. *Sala Preta.* São Paulo, ano 1, n. 1, 2001.

BRADLEY, Fiona. *Surrealismo.* São Paulo: Cosac & Naif, 2001.

CAMPOS, Haroldo de. *A Arte no Horizonte do Provável.* São Paulo: Perspectiva, 1969.

_____. *Panaroma do Finnegans Wake.* São Paulo: Perspectiva, 2001.

CANTON, Kátia. *Auto-Retrato: Espelho de Artista.* São Paulo: Cosac & Naify, 2004.

CARVALHAES, Ana Goldenstein. Os Processos Performáticos da Cia. Teatral Ueinzz. *Tempo e Performance.* Brasília: Editora da UNB, 2007.

_____. Performance: Arte Viva Como Experiência. *America, Américas, Arte e Memória.* São Paulo: MAC-USP / Programa de Pós-Graduação em Estética e História da Arte, 2007.

CAUQUELIN, Anne. *Arte Contemporânea: Uma Introdução.* São Paulo: Martins Fontes, 2005.

CLIFFORD, James. *A Experiência Etnográfica.* Rio de Janeiro: Editora da UFRJ, 2002.

CRAIG, Edward Gordon. *Da Arte ao Teatro*. Lisboa: Arcádia, 1963.

DAWSEY, John Cowart. *De que Riem os "Bóias-Frias"?: Walter Benjamin e o Teatro Épico de Brecht em Carrocerias de Caminhões*. Tese de Livre Docência na Universidade de São Paulo, 1999.

DEBORD, Guy. *A Sociedade do Espetáculo*. Lisboa: Mobilis in Mobili, 1991.

DELEUZE, Gilles. *Francis Bacon: Lógica da Sensação*. Rio de Janeiro: Jorge Zahar, 2007.

_____; GUATARI, Félix. Como Construir para Si um Corpo Sem Órgãos. *Mil Platôs Capitalismo e Esquizofrenia*. São Paulo: Editora 34, 2004. v. 3.

FAVARETTO, C. A Cena Contemporânea: Criação e Resistência. In: PELBART, Peter Pál; FONSECA, Tânia Maria Galli; ENGELMAN, Selda. (orgs.) *A Vida em Cena*. Porto Alegre: UFRGS, 2008.

FERNANDES, Silvia. *Teatralidades Contemporâneas*. São Paulo: Perspectiva, 2010.

FOUCAULT, Michel. O Sujeito e o Poder. In: RABINOW, P.; DREYFUS, H. (orgs.). *Michel Foucault, Uma Trajetória Filosófica: Para Além do Estruturalismo e da Hermenêutica*. Rio de Janeiro: Forense Universitária, 1995.

_____. *História da Loucura*. São Paulo: Perspectiva, 1978.

GALIZIA, Luiz Roberto. *Processos Criativos de Robert Wilson: Trabalhos de Arte Total para o Teatro Americano Contemporâneo*. São Paulo: Perspectiva, 1986.

GLUSBERG, G. *A Arte da Performance*. São Paulo: Perspectiva, 1987.

GOLDEBERG, RoseLee. *Performance Art: From Futurism to the Present*. Nova York: Thames & Hudson, 2001.

_____. *Performance: Live Art Since the 60's*. Nova York: Thames & Hudson, 1998.

GUATTARI, Félix. *Caosmose um Novo Paradigma Estético*. Rio de Janeiro: Editora 34, 1992.

GUINSBURG, Jacó. *Stanislávski, Meierhold & Cia*. São Paulo: Perspectiva 2001.

_____. *Da Cena em Cena*. São Paulo: Perspectiva, 2001.

GUINSBURG. Jacó.; FERNANDES, Sílvia. (orgs.). *O Pós-Dramático*. São Paulo: Perspectiva, 2008.

GOFFMAN, Erving. *A Representação do Eu na Vida Cotidiana*. Petrópolis: Vozes, 1975.

HUIZINGA, Johan. *Homo Ludens: O Jogo como Elemento da Cultura*. São Paulo: Edusp/Perspectiva, 1971.

HEIDEGGER, Martin. Aletheia (Heráclito, Fragmento 16). *Ensaios e Conferências*. Petrópolis/Bragança Paulista: Vozes/Editora Universitária de São Francisco, 2006.

KUSANO, Darci. Yasuco. *O Que É Teatro Nô*. São Paulo: Brasiliense, 1988. (Coleção Primeiros Passos.)

JONES, Amélia. *Performing the Subject*. Londres: University of Minnesota Press, 1998.

LANGDON, Esther Jean. Performance e Preocupações Pós-Modernas na Antropologia. In: TEIXEIRA, João Gabriel L. C. *Performáticos, Performance e Sociedade*. Brasília: Editora da UNB, 1996.

LEHMANN, Hans-Thies. *Teatro Pós-Dramático*. São Paulo: Cosac Naify, 2007.

LEVI-STRAUSS, Claude. *O Pensamento Selvagem*. Campinas: Papirus, 1989.

MACHADO, Leila D.; LAVRADOR, Maria C. C.; BARROS DE BARROS, Maria Elizabeth. *Texturas da Psicologia: Subjetividade e Política no Contemporâneo*. São Paulo: Casa do Psicólogo 2002.

BIBLIOGRAFIA

MAUSS, Marcel. LEVI-STRAUSS, Claude. *Sociologia e Antropologia*. São Paulo: EPU/Edusp, 1974. 2 v.

MISKOLCI, Richard. Corpo, Identidade e Política. XII Congresso Brasileiro de Sociologia, Belo Horizonte, 2005. *Sociologia e Realidade: Pesquisa Social no Século XXI*. Brasília: SBS, 2005. V. 1.

MORAES, Eliane Robert. *O Corpo Impossível*. São Paulo: Iluminuras, 2002.

MULLER, Regina. Ritual, Schechner e Performance. *Horizontes Antropológicos*. Porto Alegre, ano 11, n. 24, jul.-dez. 2005.

PELBART, Peter Pál. *A Vertigem por um Fio*. São Paulo: Iluminuras, 2000.

_____. Tempos dos Loucos, Tempos Loucos. *Sexta-Feira*, São Paulo, n. 5, 2000.

_____. Mais que Teatro. *Revista E*, São Paulo, n. 108, 2006.

PESSANHA, Juliano Garcia. *Certeza do Agora*. São Paulo: Ateliê, 2002.

QUILICI, Cassiano S. *Antonin Artaud: Teatro e Ritual*. São Paulo: Annablume, 2004.

_____. O Teatro da Crueldade. In: : PELBART, Peter Pál; FONSECA, Tânia Mara Galli; ENGELMAN, Selda (orgs.) *A Vida em Cena*. Porto Alegre: UFRGS, 2008.

SALLES, C. A. *Redes de Criação*. Vinhedo: Horizonte, 2006.

SCHECHNER, Richard. *Between Theater & Antropology*. Philadelphia: University of Pennsylvania Press, 1989.

_____. From Ritual to Theater and Back: The Efficacy – Entertainment Braid. *Performance Theory*. Nova York: Routlegde, 2003.

SORELL, Walter. *The Dance Throught the Ages*. Nova York: Grosset & Dunlap, 1967.

TAUSSIG, Michael T. *Mimesis and Alterity: A Particular History of Senses*. New York: Routledge, 1993.

TISDALL, Caroline. *Joseph Beuys*. London: Thames and Hudson, 1979.

TURNER, Victor. *From Ritual to Theater: The Human Seriousness of Play*. Nova York: PAJ, 1982.

_____. Dewey, Dilthey e Drama: Um Ensaio em Antropologia da Experiência. *Cadernos de Campo*, São Paulo, ano 14, n.13, 2005.

ZUMTHOR, Paul. *Performance, Recepção e Leitura*. São Paulo: Educ, 2000.

_____. *A Letra e a Voz*. São Paulo: Cia. das Letras, 2001.

_____. As Máscaras do Poema: Questões da Poética Medieval. Trad. Odailton Aragão Aguiar. *Projeto História*, São Paulo, n. 29, 2004.

Teses e Dissertações

BOROVIK, Samira S. Brandão. Guerreiros do Alfabeto Estelar Iniciação em Performance e Xamanismo na Criação do Espetáculo Ka de Renato Cohen. Dissertação de mestrado. Campinas: Instituto de Artes, Unicamp, 2005.

FLORES, Selma S. L. Estética de Uma Existência. Dissertação de mestrado, Programa Psicologia Clínica, São Paulo, PUC-SP, 2000.

MACHADO, Vinicius T. A Máscara no Teatro Moderno. Dissertação de mestrado. São Paulo: Escola de Comunicações e Artes, USP, 2009.

MARTINEZ, José Luiz. *Música e Semiótica: Um Estudo Sobre a Questão da Significação na Linguagem Musical*. Dissertação de mestrado não publicada. São Paulo: PUC-SP, 1991

RAMOS, Luiz Fernando. Galizia: Uma Poética Radical no Teatro Brasileiro. Dissertação de Mestrado. São Paulo: Escola de Comunicações e Artes, USP, 1988.

BIBLIOGRAFIA COMPLEMENTAR

BORER, Alain. *Joseph Beuys*. São Paulo: Cosac & Naif, 2001.

BAKHTIN, Mikhail. *A Cultura Popular na Idade Média e no Renascimento: O Contexto de François Rabelais*. São Paulo: Hucitec, 1985.

BAUDELAIRE, Charles. *Sobre a Modernidade*. Rio de Janeiro: Paz e Terra, 1997.

BARTHES, Roland. *A Câmara Clara: Nota Sobre a Fotografia*. Rio de Janeiro: Nova Fronteira, 2006.

BEUYS, Joseph. Conversa entre Joseph Beuys e o Hagen Lieberknecht Escrita por J. Beuys. In: FERREIRA, Glória; COTRIM, Cecília. *Escritos de Artistas*. Rio de Janeiro: Jorge Zahar, 2006.

_____. A Revolução Somos Nós. In: FERREIRA, Glória; COTRIM, Cecília. *Escritos de Artistas*. Rio de Janeiro: Jorge Zahar, 2006.

BUCHLOH, Benjamin H. D. Beuys: The Twilight of the Idol. *Artforum*, S. Francisco, v. 5, n. 18, 1980.

EISENSTEIN, Serguei. *O Sentido do Filme*. Rio de Janeiro: Jorge Zahar, 1990.

FAVARETTO, Celso. *A Invenção de Hélio Oiticica*. São Paulo: Edusp/Fapesp, 1992.

FREUD, Sigmund. O Estranho. *História de uma Neurose Infantil e Outros Trabalhos*. Rio de Janeiro: Imago, 1976, v. XVII.

GIL, José. *A Imagem-Nua e as Pequenas Percepções: Estética e Metafenomenologia*. Lisboa: Relógio D'Água, 1996.

GUATTARI, F. *O Inconsciente Maquínico*. São Paulo: Papirus, 1988.

GUINSBURG, J.; FARIA, João Roberto; LIMA, Mariangela Alves de (orgs.). *Dicionário do Teatro Brasileiro*. São Paulo: Perspectiva/Sesc-SP, 2006.

HUISMAN, Denis. *Dicionário dos Filósofos*. São Paulo: Martins Fontes, 2001.

LECOQ, Jacques. *Le Mime, art du mouvement*. Paris: Bordas, 1987.

LEMINSKI, Paulo. *Matsuó Bashô: A Lágrima do Peixe*. São Paulo: Brasiliense, 1983.

LEVY, Pierre. *As Tecnologias da Inteligência*. Rio de Janeiro: Editora 34, 1993.

LIMA, Sergio C. Franceschi. *Collage: Em Nova Superfície*. São Paulo: Parma, 1984.

MACHADO, Arlindo. *A Ilusão Espetacular*. São Paulo: Brasiliense, 1984.

_____. *A Arte do Vídeo*. São Paulo: Brasiliense, 1988.

MORAES, Marcelo Leite. *Madame Satã: O Templo Underground Dos Anos 80*. São Paulo: Lira, 2006.

OITICICA, Hélio. *Aspiro ao Grande Labirinto*. Rio de Janeiro: Rocco, 1986.

O'REILLEY, Sally. *The Body in Contemporary Art*. London: Thames & Hudson, 2009.

PESSANHA, Juliano Garcia. *A Sabedoria do Nunca*. São Paulo: Ateliê, 1999.

_____. *A Ignorância do Sempre*. São Paulo: Ateliê, 2000.

_____. *Instabilidade Perpétua*. São Paulo: Ateliê, 2009.

PIGNATARI, Décio. *Contracomunicação*. São Paulo: Perspectiva, 1971.

PIRES FERREIRA, Jerusa. Cultura é Memória. *Revista USP*, São Paulo, 1994/1995.

STACHELHAUS, Heiner. *Joseph Beuys*. Barcelona: Parsifal, 1990.

STANISLAWSKI, Constantin. *A Construção da Personagem*. Rio de Janeiro: Civilização Brasileira, 1970.

TURNER, Victor. Are There Universals of Performance in Myth, Ritual and Drama? *By Means of Performance: Intercultural Studies in Theatre and Ritual*. Cambridge: Cambridge University Press, 1990.

VIRILIO, Paul. *O Espaço Crítico: As Perspectivas do Tempo Real*. Rio de Janeiro: Editora 34, 1984.

ZUMTHOR, Paul. *Escritura e Nomadismo*. São Paulo: Ateliê Editorial, 2005.

Artigos de Jornal

Sobre Renato Cohen

COELHO, Sérgio Sálvia. Renato Cohen Foi Guardião da Vanguarda. *Folha de S. Paulo*, 21 out. 2003. Ilustrada.

LIMA, Mariângela Alves de. Um Teatrólogo Focado no Futuro. *O Estado de S. Paulo*, 25 out. 2003. Caderno 2.

MULLER, Regina. Cena Viva de Renato Cohen Desbravou Fronteiras da Vanguarda. *Sala de Imprensa – Jornal da Unicamp*, 27 out.-2 nov. 2003.

PIRES FERREIRA, Jerusa. Memória, Criação e Afeto. *Jornal da PUC-SP*, 25 nov. 2003.

Sobre Imanência, Corpo Instalado/Casa das Rosas

ARTISTAS VIVEM Truman Show na Casa das Rosas. *Jornal da Tarde*, São Paulo, 21 out. 1999. Variedades.

DURÁN, Cristina R. Artistas Relatam Experiência de Isolamento na Casa das Rosas. . *Jornal da Tarde*, São Paulo, 01 nov. 1999.Variedades.

FIORAVANTE, Celso. Casa das Rosas Realiza Exposição Virtual. *Folha de S. Paulo*, 6 maio 1997. Ilustrada.

FRANZOLA, Ana Paula. Artistas Monitorados 24 horas. *Gazeta Mercantil*, São Paulo, 22, 23 e 24 out. 1999.

IMANÊNCIA Banaliza a História. *Folha de S. Paulo*, 29 out. 1999. Guia Semanal.

MONACHESI, Juliana. Imanentes Deixam Hoje a Clausura das Rosas. *Folha de S. Paulo*, 30 out. 1999. Ilustrada.

OITO ARTISTAS Ficam Reclusos na Casa das Rosas. *Folha de S. Paulo*, 22 out. 1999. Ilustrada.

QUAGLIA, Geraldine. Artistas Instalam-se na Casa das Rosas. *Estado de S. Paulo*, 22 out. 1999. Caderno 2.

RIBEIRO, Débora. Obra que Nasce entre Quatro Paredes. *O Globo*, Rio de Janeiro, 29 out. 1999.

ZILVETI, Marijô. Vestígios Desnudam Ritual Solitário. *Folha de S. Paulo*, 3 nov. 1999. Informática.

Sobre a Companhia Teatral Ueinzz

ARANTES, Silvana. Documentário Registra Montagem de "Gotham SP". *Folha de S. Paulo*, 20 fev. 2003. Folha Ilustrada.

CARLOS, Cássio Starling. Quatro Fórmulas Poéticas Resumem a Filosofia do "Curinga". *Folha de S. Paulo*, 25 fev. 2003. Ilustrada.

CIDADES NÃO Visíveis, mas Existentes. IV Mostra Sesc Cariri de Artes. *Flor do Pequi*, 14 nov. 2004.

COLI, Jorge. Encantos Mil. *Folha de S. Paulo*, 15 out. 2000. Mais.

DÁVILA, Marcos. Ueinzz Comemora Cinco Anos com "Gotham SP". *Folha de S. Paulo*, 24 out. 2001. Ilustrada.

DÉDALUS Abre Mostra Incluídos. *Folha de S. Paulo*, 18 mar. 2000. Folha Ilustrada.

DÉDALUS Faz Última Apresentação. *Folha de S. Paulo*, 28 abr. 1999. Folha Ilustrada.

DEDALUS Traz Atores Incomuns. *Folha Dois*, Curitiba, 15 mar. 2000.

DEDALUS Volta ao Oficina. *Folha de S. Paulo*, 10 out. 1999. Folha Ilustrada.

ELENCO de *Gotham SP* Assistirá a Sessão Pública Hoje. *Folha de S. Paulo*, 20 fev. 2003. Ilustrada.

GEHLEN, Joel. Limites: Peça *Dedalus*: Múltiplas Leituras do Mito. *A Notícia*, Joinville, 21 mar. 2000.

GOÉS, Marta. O Direito de Conviver. *Revista Isto É*, 26 mai. 1999.

KATZ, Helena. Kafka e Calvino habitam Gotham SP. *O Estado de S. Paulo*, 25 out.

LIMA, Mariangela Alves de. *Dedalus* Constrói Ponte Sobre a Solidão. *O Estado de S. Paulo*, 22 set. 2000.

MEDEIROS, Jotabê. Espetáculo Invade a Torre de Babel. *O Estado de S. Paulo*, 26 jun. 1997. Caderno 2.

MIRANDA, Claudia. O Palco no Centro da Vida. *Jornal do Brasil*, Rio de Janeiro, 27 fev. 2000.

MOURA, Iana. Teatro Oficina Apresenta "Ueinzz" Hoje. *Folha de S. Paulo*, 25 nov. 1997. Acontece.

O DEVIR-ESQUIZO das Cidades Invisíveis. Entrevista com Peter Pál Pelbart. *O Povo*, Fortaleza, 6 nov. 2004.

O TEATRO Favorece Tudo o que É Visto como Fragilidade. *Folha de S. Paulo*, 22 jun. 2003. Ilustrada.

PLAGUIARO, Maria Tereza. Asas para a Liberdade. *Revista Diário Popular*, 7 abr. 1999.

POLACK, Jean-Claude. Un film-témoignage, Le travail de la folie. *Le Monde Diplomathique*, jul. 2003.

SANTOS, Valmir. Curitiba Experimenta "Perspectiva da Franja". *Folha de S. Paulo*, 17 fev, 2000. Folha Ilustrada, 2001.

Este livro foi impressona cidade de São Paulo,
nas oficinas da Markpress Gráfica e Editora, em julho de 2012,
para a Editora Perspectiva.